# 서북청년회

# 서북청년회

이주영 지음

**선우기성**
서북청년회 제1대 위원장
(평북 정주)

**문봉제**
서북청년회 제2대 위원장
(평남 안주)

**김인식**
황해도본부 위원장
(황해도 해주)

**임 일**
남선파견대장
(함북 길주)

**반성환**
경남도본부 위원장
(함북 청진)

**손 진**
경남도본부 선전부장
(강원도 철원)

## 차 례

이 책의 목적은 1945년 8월 15일의 해방 직후 좌익들과 싸워 대한
민국 건국(建國)에 기여했던 우익 청년단체의 하나인 서북청년회(西
北青年會)와 서북청년들의 건국, 호국 활동을 개략적으로나마 소개하
려는 것이다.

지금 돌이켜 보면, 해방 직후 한반도에서 남북 통일정부를 세우는
것은 사실상 불가능했다. 소련군이 북한을 빨리 공산화시키려는 의
지가 너무나 강해 미군과의 합의가 불가능했기 때문이다.

또한 남한만의 단독정부를 세우는 것도 사실상 불가능했다. 좌익
과 남북협상파들의 반대가 너무 강했을 뿐만 아니라, 미국도 좌우합
작의 연립정부를 세운다는 허망한 목표에 매달려 있었기 때문이다.

게다가 보수우익 세력은 좌익과 남북협상파들의 친일파 숙청과 통일이라는 민족주의의 명분 앞에 주눅 들어 있었기 때문이다.

이처럼 우유부단한 보수우익 세력을 반공과 건국의 방향으로 강하게 이끌고 간 세력의 하나가 서북청년회였다. 서북청년들은 북한의 전체주의 체제로부터 탈출한 월남민이었기 때문에 전투적인 반공주의자들이었다. 따라서 그들은 미군정 경무부장 조병옥의 말대로 그들이 없었으면 치안유지도, 건국도 할 수 없었던 중요한 세력이었다.

그럼에도 불구하고 지금까지 우리 사회는 건국세력(建國勢力)의 하나인 서북청년들의 존재에 대해 완전히 잊고 있었다. 그들은 해방 직후에는 건국운동가로서, 그리고 6·25전쟁 때는 국군이나 유격대원이나 청년단원으로 좌익과 북한군에 대항해 싸웠다. 하지만 대다수는 국가로부터 아무런 보상도 받지 못했다. 가족이 없어 이름조차 없이 사라진 경우도 많았다.

적은 분량의 책이라 서북청년회 활동 전체에 대해 자세히 설명하지 않았다. 그러므로 몇 가지 대표적인 사건들을 간략히 소개함으로써 그 운동의 윤곽을 알게 하는 것으로 만족할 수밖에 없었다.

이 책을 꾸미는 과정에서 당시 서북청년 운동에 직접 뛰어들었던 손진(孫塡, 손진으로 발음함, 1920년생) 선생님의 도움을 많이 받았다. 손진 선생님은 철원 출신으로 일제시대에 제일고보(경기고)와 게이오 대학을 다니시고, 해방 후에는 월남해서 서북청년회 경상남도본부 선전부장으로 활동하셨던 지식인이다. 좀 더 많은 이야기를 들어야 하는데, 지금 95세의 고령으로 병석에 누워 계시니 그저 아쉬울 뿐이다. 그러나 이 책에 잘못된 내용이 있다 하더라도 그것은 손진 선생님과는 상관없이 전적으로 필자의 책임임을 밝혀 둔다.

　이 작은 책을 길잡이로 하여 앞으로 대한민국 건국세력에 대한 본격적인 연구자들이 나오기를 기대한다.


2015년 4월 이주영(李柱郢)

# 1부

## 남한으로 내몰린 북한의 엘리트

# 소련군이 한반도 전체를 점령하리라는 예측

제2차 세계대전 막판 미군은 1945년 8월 6일과 9일 두 차례에 걸쳐 히로시마와 나가사키에 원자폭탄(原子爆彈)을 떨어뜨려 결정적인 타격을 주었다. 그제야 일본은 서둘러 8월 15일 연합국에 항복을 했다.

그러나 일본의 식민지인 한반도가 앞으로 어떻게 될 것인지 아는 한국인은 거의 없었다. 1943년의 카이로 선언에 따르면 강대국들은 한국인들에게 독립을 주기로 예정하고 있었다. 하지만 그것이 언제 어떻게 이루어질지, 그리고 어떤 성격의 나라가 세워질지 전혀 알려진 바가 없었다.

강대국들이 결정한 것이 있다면, 38선을 경계로 하여 한반도의 북쪽에서는 소련군이 일본군의 무장을 해제하고, 남쪽에서는 미군이 일본군의 무장을 해제한다는 것뿐이었다. 그러나 그 결정도 일본의 항복 나흘 전에 급히 이루어졌기 때문에 한국인들에게는 알려질 시간이 없었다. 한 마디로 해방 당시 한반도의 운명은 불확실한 것이었다.

그 때문에 해방 당시 한국인들 가운데는 한반도에서 일본군이 물러가면 소련군이 전체를 점령할 것으로 보는 사람들이 많았다. 실제로 소련군은 일본이 항복하기 1주일 전인 8월 9일부터 한반도로 들어와 빠른 속도로 점령해 나갔다.

그 때문에 서울에서는 8월 16일에 소련군이 서울역에 도착한다고 환영을 나가는 무리들도 있었다. 이제부터는 소련에 붙어야 산다고 갑자기 공산주의자나 사회주의자로 행세하는 기회주의자들도 늘어났다.

그 때문에 해방 후 서울에서 가장 빨리 움직인 세력은 좌익일 수밖에 없었다. 사회주의자인 여운형이 해방 다음 날인 8월 16일에 건국준비위원회를 조직하자, 그것을 모방한 지방 건국준비위원회들이 우후죽순처럼 생겨났다.

그러나 3주도 안 된 9월 6일, 여운형은 인민공화국을 선포한 공산주의자 박헌영에게 주도권을 빼앗기고 말았다. 그에 따라 지방의 건국준비위원회들도 인민위원회들로 바뀌었다.

그러나 인민공화국은 총선거나 국민대회 같은 합법적인 절차를 거치지 않은 '문서상의 정부'에 지나지 않았다. 정당성과 실체가 없는 가공(架空)의 정부였다. 그 때문에 뒤늦게 한반도에 들어온 미군도 그것을 정부로 인정하지 않았다. 일본을 항복시키는 데 아무런 기여를 하지 못한 남한의 공산주의자들에게 미군이 권력을 줄 리 만무했다.

# 공산화의 의도가 숨겨진 좌우합작 정책

평양에서도 해방과 동시에 자유주의자(自由主義者)인 조만식에 의해 건국준비위원회가 조직되었다. 하지만 그것의 성격은 남한의 것과는 달리 우파적인 것이었다.

그러나 소련군은 8월 26일 평양에 들어오자마자 조만식의 건국준비위원회를 해체하고 인민위원회(평남정치인민위원회)를 조직했다. 소련은 당시의 폴란드 같은 동유럽 국가들처럼 북한이란 점령지(占領地)를 공산화하려는 의도를 가지고 있었다. 그러나 당장 공산정권을 세우면 주민들이 반발할 것이므로 인민위원회라는 중간단계를 거치려 했던 것이다.

인민위원회의 명분은 좌익과 우익을 모두 끌어들여 좌우합작(左右合作)의 연립정부를 세운다는 것이었다. 그러므로 우익세력의 즉각적인 반발을 무마하기에는 적합했다. 그래서 소련군은 인민위원회의 중앙위원 숫자를 조만식의 우익(右翼)과 현준혁의 좌익(左翼)이 16대 16이 되도록 했다.

그러므로 조만식도 처음에는 소련군에 협조할 의사를 보였다. 그러나 그것이 소련군이 파놓은 함정임이 판명되자 조만식은 즉시 협조를 거부했다.

설사 좌우합작의 연립정부가 세워진다 하더라도 그것은 얼마 안 가서 좌익들의 손에 넘어갈 것이 확실했다. 왜냐하면 조직이 강한 좌익과 조직이 약한 우익이 손을 잡게 되면 좌익이 승리할 것은 너무나 분명했기 때문이다.


## 북한에서 먼저 단독정부가 서다

조만식의 우익세력이 협력하지 않자 소련군은 거추장스러운 좌우합작의 껍질을 벗어 던지고 좌익만으로 이루어진 정권, 즉 노동자·농민의 계급정권을 세우려 했다. 그러한 의도는 9월 14일에 발표한 「인민정부 수립요강」에서 드러났다.

또한 그렇게 해서 세워질 정부는 남한의 미군과 협의해서 세워질 남북 통일정부가 아니라 북한만의 단독정부(單獨政府)였는데, 그러한 소련의 의도는 1945년 9월 20일의 스탈린 전문(電文) 지시에서 드러났다.

당시 그 문서는 비밀이었다. 그러므로 그러한 소련군의 속셈을 전혀 모르는 남한의 미군이나 남북협상파들은 소련군이나 북한과 협의해 본다고 미소공동위원회나 남북협상에 매달려 시간을 허비하고 있었던 것이다.

1946년 2월 8일, 마침내 북한에서는 좌익으로만 이루어진 김일성의 북한 단독정부가 세워졌다. 그 정부는 북조선임시인민위원회로 불렸는데, 당시 공산국가에서 인민위원회는 정부를 의미했다. 당시 북한인들도 그것을 "우리의 정부" "인민정권"으로 불렀다.

여기서 '인민'은 지배를 받는 자들로서 지배층인 '엘리트'와 대립되는 개념이었다. 그러므로 "인민정권"은 좌익 성향의 계급정권을 의미했던 것이다.


## 혁명으로 모든 것이 뒤집힌 북한사회

북조선임시인민위원회는 소련군이 제시한 공산혁명(共産革命) 계획을 즉시 추진했다. 그들은 1946년 3월 '토지개혁'이라는 부드러운 이름으로 모든 농토를 몰수해 국유화(國有化)했다. 8월에는 산업체와 금융기관을, 1947년 12월에는 '화폐개혁'이라는 이름으로 국민의 화폐자산을 몰수해 국유화했다.

그에 따라 북한에서는 지금까지의 모든 소유관계와 인간관계가 뒤집히는 사회혁명(社會革命)이 일어났다. 그러한 엄청난 변혁은 정부가 없으면 추진될 수 없는 것이었기 때문에 공산혁명의 추진만으로도 북한에서 이미 단독정부가 수립되었다는 사실이 확인되었던 것이다.

혁명은 짧은 기간에 일어났기 때문에 그 과정은 아주 가혹한 것이었다. 혁명과정에서 「김일성의 20개 정강」이 강조했던 '반동분자와 반(反)민주주의 분자에 대한 무자비한 투쟁'이 일어났기 때문이다.

그에 따라 기성의 유산층과 식자층은 생존 자체가 불가능하게 되었다. 새로운 전체주의적인 공산체제에 대한 저항은 죽음이나 시베리아 강제노동을 의미했다. 따라서 그들이 선택할 수 있는 길은 38선을 넘어 남한으로 탈출하는 것뿐이었다.


## 전체주의 체제에 저항한 북한의 엘리트

공산혁명으로 그 무서운 전체주의(全體主義) 체제가 북한사회를 무겁게 짓누르게 되었다. 그럼에도 불구하고 그것에 대해 저항할 용기를 가진 북한인들도 있었다. 그들은 엘리트층에 속한 소수의 지주들과 기독교인들로서, 대부분이 학생과 청년들이었다.

최초의 저항은 해주 9·16반공사건이었다. 해방 후에 치안을 유지하기 위해 해주보안대를 조직했던 우익청년들이 있었는데, 그들의 일부가 1945년 9월 16일 새벽 소련군과 공산당의 학정에 대한 항의로 해주 공산당 본부를 습격해서 그곳에 갇혀 있는 우익인사들을 석방했다. 그러나 소련군의 무자비한 보복에 부딪히자 김인식, 이영호 등 주동자들은 즉시 38선을 넘어 서울로 탈출했다.

김인식(金仁湜)은 해주의 부유한 집안에서 태어나 일본 와세다 대학을 졸업한 지식인이었다. 그는 38선을 넘어 와서도 한동안 그를 쫓는 공산주의자들로부터 생명의 위협을 받았다. 그런데도 그는 미군정(美軍政)의 보호를 받기는커녕 권총을 가졌다는 이유로 6개월간 옥살이를 했다. 그는 나중에 대한민국이 건국될 때 제헌국회 의원으로 당선되었다.

전체주의 체제에 대한 저항은 함경남도의 함흥에서도 일어났다. 1945년 11월 7일 함흥의 반공(反共) 학생들은 소련군의 만행에 대해 항의하는 시위를 벌였다. 그러한 항의는 영흥에서도 일어났다.

그들의 가장 큰 불만은 식량과 산업시설의 강제반출(強制搬出)이었다. 당시 소련군은 식량을 현지에서 조달한다는 방침에 따라 북한으로부터 식량을 거두어 갔는데, 그것은 원래부터 식량부족으로 허덕이던 북한인들을 더욱더 고통스럽게 했던 것이다.

게다가 소련군은 자기 나라의 산업부흥을 위해 북한의 공업시설도 뜯어 갔다. 그것들은 일본으로부터 빼앗은 전리품이라는 주장이었다. 그에 따라 함흥의 본궁화학, 원산의 조선석유, 청진의 고주파 공장과 일본제철, 무산의 철광산이 해체되어 소련으로 반출되었다. 강제반출은 평안북도 수풍발전소와 평안남도 진남포 제철소에서도 일어났다.

소련군에 저항했던 반공세력은 학생들과 지식인들이었다. 예를 들면 함경남도 영흥에서 반소·반공 시위를 주도한 조영진(趙英珍)은 일본 물리학교를 다니던 학생이었다. 그들은 더 이상 북한에서 살아남을 수 없다고 판단했기 때문에 38을 넘어 남한으로 왔다.

그러나 함경북도 경성의 경우처럼 월남하지 못한 반공청년들은 시베리아 강제노동 수용소로 끌려가기도 했다.


## 북한 대탈출을 촉진한 신의주 반공학생사건

반소·반공 운동 가운데서 가장 규모가 크고 파장이 컸던 것은 1945년 11월 23일의 신의주 반공학생사건이었다. 그 사건은 신의주 남쪽의 항구도시 용암포 제일교회에서 그 지방 공산당이 인민위원회 지지대회를 열면서 시작되었다.

대회가 한창 소련군과 공산당을 찬양하고 있을 때 갑자기 한 학생이 단상에 뛰어 올라가 대담하게 공산주의 체제를 비판했다. 학생들의 직접적인 불만 가운데 하나는 소련군이 용암포수산중학교 건물을 막사로 빼앗은 사실도 있었다. 그 학생의 발언에 청중들이 열렬히 호응하게 되면서 집회는 공산당 성토대회로 바뀌고 말았다.

공산당은 적위대를 출동시켜 집회를 해산했다. 그것으로도 만족하지 않았던지 그들은 근처 공장의 노동자들을 동원해 집으로 돌아가던 학생들을 공격하게 했다. 그 과정에서 12명의 학생이 다치고 용암포 제일교회의 홍 장로가 맞아 죽었다.

이 소식이 신의주로 알려지자 11월 23일에 학생들이 움직였다. 동중학교, 상업학교, 제1·2공업학교, 사범학교, 평안중학교 등 6개 학교 학생 3,500여 명은 학교별로 나뉘어 인민위원회 등 공산당 기관들을 향해 항의 행진을 벌였다. 그러자 공산당은 그들을 향해 총을 쏘고, 소련군은 전투기를 출동시켜 기관총 사격을 했다.

그 결과 23명이 그 자리에서 죽고 수백 명이 부상을 당했다. 체포된 2,000여 명 가운데서 100여 명이 시베리아로 끌려갔다. 살아남은 학생들은 급히 남한으로 탈출했다. 그 뒤를 이어 일반인들의 월남이 줄을 이었다.

# 2부

## 월남해서 빈민이 되다

# 고향 따라 형성된 합숙소와 단체들

그렇게 해서 38선을 넘은 사람은 해방에서 1946년 4월까지 8개월 동안 50만 명에 이르렀다. 좀 과장된 숫자이기는 하지만, 1948년 8월 대한민국이 건국될 당시 그 수가 460만이라고 주장되기도 했다.

월남민들 가운데서도 가장 큰 어려움을 겪은 사람들은 단신으로 38선을 넘은 학생들과 청년들이었다. 아는 사람도 없는 서울 거리를 헤매던 그들은 빈 공간을 찾아 고향 사람들끼리 모여 합숙을 시작했다. 빈 공간이란 일본인들이 남기고 간 공장 기숙사, 창고 건물, 사찰 등이었다.

그렇게 해서 서울에 생긴 합숙소는 60여 개에 이르렀고 그 인원은 2,000~3,000명인 것으로 알려졌다. 유명한 것으로는 종로구 권농동의 호림장, 효창공원 옆의 함북청년회 합숙소, 삼각병원 2층, 옛 묵정초등학교 자리의 대원장, 용산 해방촌의 천막촌 등이었다.

서북청년들은 지방으로 파견되거나 북한에서 지방으로 직접 월남한 경우도 있었다. 그 때문에 합숙소는 대전, 광주, 목포, 대구, 부산 등에도 있었다. 대전의 합숙소는 중동의 일본인 절 일광사에 있었다. 합숙소는 대체로 같은 고향 사람들로 이루어졌다.

그들은 고향 사람들로 단체를 구성하는 것이 보통이었다. 예를 들면 서북청년회 종로지부는 평북 강계 출신들로 이루어졌다. 그리고 서부지부는 평북 선천 출신들로, 중구지부는 강원도 철원 출신들로 이루어졌다.

단체의 명칭도 고향 이름에서 따는 경우가 많았다. 평남 진남포와 용강군 출신들은 진룡동지회로 불렸고, 평북 신의주 출신들은 압록강동지회로, 평양 출신들은 대동강동지회로 불렸다. 황해도 출신들은 구월산동지회와 수양산특별지부를 구성했다.


## 함남 출신들의 합숙소, 호림장

합숙소 가운데 가장 유명했던 것은 서울 종로구 권농동 187번지, 지금의 종로 3가 종묘공원 옆의 호림장(虎林莊)이었다. 그 건물은 일제시대 노구치 피복공장의 여공 기숙사였으나, 전라도 부호 김홍배가 인수해 앞으로 귀국하게 될 중경 임시정부의 특파사무국 사무실로 쓰도록 한 것이었다. 그러므로 임시정부 요인들이 귀국하게 되면 경호 임무를 맡게 될 월남민 청년들이 머물게 되었다.

호림장에는 주로 함경남도 출신의 독신청년들이 머물렀다. 그들은 영흥에서 반소·반공 운동을 했던 조영진 일파였다.

그리고 함남 원산에서 반공활동을 하던 양호단(養虎團) 대원들도 있었다. 양호단은 원래 1920년의 청산리전투에 참가했던 독립운동가 김성 장군이 원산을 중심으로 조직한 항일 비밀단체였다. 그들은 1945년 11월에 월남했다. 아깝게도 김성 장군은 월남한 지 두 달 만에 사망했지만 한철민, 최규봉, 이춘식 등이 그 맥을 이어갔다.

호림장에는 평안도 출신의 독신청년들도 있었다. 그들 가운데에는 일제시대 평양에서 항일투쟁을 하다가 해방 후에는 반공투쟁을 했던 대동단(大同團) 단원들이 있었다. 그리고 신의주 반공학생사건에 가담했던 평안북도 출신들도 있었다.

그렇게 해서 호림장에 머물게 된 서북청년들은 100명이 넘었다.

그러나 임시정부 특파사무국은 사설단체의 난립을 막으려는 미군정의 지시로 해체되었다. 그러자 1945년 10월 호림장의 서북청년들은 자기네 단체 이름을 대한혁신청년회(혁청)로 바꾸고, 특이하게도 위원장으로 남한 출신 유진산(柳珍山)을 추대했다. 서북청년들이 유진산을 그들의 지도자로 삼은 것은 자신들이 북한에서 뿌리가 뽑혀 38선을 넘어 온 피난민이었기 때문에 남한에 기반을 둔 유능한 남한 출신 지도자를 필요로 했기 때문이었다.

유진산은 충남 금산(당시는 전북) 출신으로 일본 와세다 대학을 다닌 엘리트였다. 뒤의 박정희 시대에 그는 야당(민주당)의 당수를 지낸 정계 거물이 되었다.

부위원장은 함남 출신의 신균, 서기장은 평북 출신의 백시영(白時英)이 맡았다.

마침내 1945년 11월 말에서 12월 초에 중국에서 임시정부 요인들이 귀국하자 호림장의 서북청년들은 계획대로 그들의 경호를 맡게 되었다. 그들은 김구가 머무는 경교장, 신익희가 머무는 낙산장, 이시영 등이 머무는 충무로 한미호텔의 경비를 맡았다.


## 남한 출신들이 개최한 북한실정 보고대회

서울 정착에 성공하자 호림장의 서북청년들은 반공투쟁에 나서기 시작했다. 그 최초가 1945년 11월 21일 인사동 천도교 강당에서 열리고 있던 공산당의 전국인민대표자대회를 습격한 것이었다.

대한혁신청년회는 아직 독자적으로 좌익들과 싸울 힘이 없었기 때문에 최홍택, 이현 등 남한 출신들의 건국청년회가 계획한 습격사건에 가담했던 것이다. 그날 습격은 함남 영흥 출신의 조영진과 함남 북청 출신의 이창정이 앞장을 섰다.

대한혁신청년회가 가담한 또 하나의 반공활동은 1945년 11월 28일 안국동 풍문여학교 강당에서 열린 신의주 반공학생사건 진상보고회에서 경호임무를 맡은 것이었다. 그 집회는 11월 23일의 신의주 반공학생사건에 가담했다가 소련군에게 쫓겨 온 신의주 학생들의 증언을 듣기 위한 것이었다.

이를 주최한 우익청년단체는 남한 출신들로 조직된 조선유학생동맹이었다. 그 지도자인 박용만(朴容萬)은 경북 영주 출신으로 와세다 대학을 다녔던 엘리트로 이철승과 '반탁학생연맹'을 조직해 좌익에 대항하기도 했다. 나중의 박정희 시대에 그는 신민당 부총재로 활동한 정계 거물이 되었다.

그날의 진상보고회는 제대로 열리지 못했다. 왜냐하면 미리 회의장을 점거하고 있던 좌익학생들이 방해했기 때문이다. 방해한 학생들 가운데는 여운형의 딸들 가운데 한 명이 포함되어 있었다.

경호를 맡았던 대한혁신청년회의 서북청년들은 집회를 방해한 좌익학생들을 잡으려 했다. 그 때문에 양측 사이에 몸싸움이 벌어졌다. 서로 밀고 밀리는 과정에서 싸움은 종로 3가까지 옮겨 갔다.

이때 단성사(團成社) 극장을 근거로 세력을 형성하고 있던 주먹패들이 좌익학생들을 돕기 위해 끼어들었다. 단성사 주먹패들은 남한청년들이 북한청년들에게 얻어맞고 있다고 생각한 것이다.


## 미군들이 서북청년들을 경계

그러므로 서북청년들은 단성사 주먹패들에게 쫓겨 호림장 안으로 숨을 수밖에 없었다. 그들은 대문을 걸어 잠그고 담 안에서 장작을 들고 방어 태세에 들어갔다. 주먹패들이 호림장을 에워싸고 있는 상태에서 그 두목인 아호기(亞虎起, 본명은 김성원)가 담판을 벌이겠다면서 부하 한 명과 함께 담을 넘어 들어왔다.

그들을 맞이한 사람은 함경남도 출신의 조영진과 평안북도 출신의 백시영이었다. 두 서북청년은 침입자들과 싸우기보다는 설득하려고 했다. 그들은 신의주 반공학생사건을 비롯해 자기들이 북한에서 직접 겪은 소련군과 공산당의 만행을 설명해 주었다. 그러고는 왜 자기들이 좌익학생들과 싸우지 않으면 안 되는가 하는 이유를 말해 주었다.

설득은 먹혀들었고, 결국 아호기와 단성사 주먹패들은 반공우익 진영에 가담하게 되었다. 그들은 경제적으로 어려움을 겪고 있는 호림장의 서북청년들에게 생활용품을 마련해 주기도 했다.

그러나 행사를 방해했던 좌익학생들은 호림장의 서북청년들을 테러리스트로 미군정에 고발했다.

당시 미군정은 질서유지를 최우선 과제로 삼고 있었기 때문에 기존질서를 파괴하려는 세력이면 좌익과 우익을 구분하지 않고 제재하려 했다. 미군들은 한국사회의 이념적 갈등에 무관심했기 때문에 좌익이 우세한 체제라고 하더라도 유지 자체를 중요하게 생각했다. 그래서 미군들은 서북청년들을 질서의 파괴자로 생각하고 제재하려 했던 것이다.

미군들은 40여 명의 미군 헌병을 호림장으로 보내 10여 명의 서북청년들을 체포해 갔다. 그들은 임시정부 외교부장 조소앙의 노력으로 풀려나기는 했지만 서북청년들을 질서의 파괴자로 보는 미군들의 편견은 미군정 마지막 단계까지 거의 바뀌지 않았다.


## 남한의 좌익들이 가장 싫어한 북한실정 보고대회

당시 남한의 좌익들은 북한이 공산혁명으로 지상낙원이 되어 가고 있다고 선전했다. 그 선전은 일반 대중에게 상당히 먹혀 들어갔다. 그 때문에 남한에서도 그와 같은 공산혁명이 필요하다고 주장하는 사람들이 많아졌다. 남한의 지식인들은 월남한 서북청년들을 향해 왜 그렇게 좋은 북한을 떠나왔냐고 비아냥거리면서 되돌아가라고 권고하기도 했다. 그와 같은 경우는 평북 출신으로 「조선일보」에 근무했던 문인 선우휘(鮮于煇)의 증언에서 잘 드러나고 있다.

그러므로 서북청년들에게는 좌익들의 선전이 거짓임을 폭로하는 일이 시급했다. 그래서 열게 된 것이 북한실정 보고대회였다. 앞서 시도했던 풍문여고 집회는 좌익들의 방해로 실패했지만 그것을 교훈으로 삼아 전국 각지에서 이북실정 보고강연회를 열어갔다. 그들은 전국에 파견되어 자신들이 북한에서 직접 체험한 소련군과 공산당의 만행을 대중에게 알렸다.

그들이 알린 북한의 참상은 대략 다음과 같은 내용들이었다. 북한 여인들이 소련군의 강간을 피하기 위해 얼굴에 숯검정을 칠하거나 남자 옷을 입고 다닌다는 것, 소련군이 동네에 나타난 것을 주민들에게 알리기 위해 빨랫줄에 달아놓은 깡통을 두드린다는 것, 그리고 값진 손목시계가 눈에 띄면 모조리 "내놓으라(다와이)."면서 빼앗아 몇 개씩 차고 다니는 소련군도 적지 않다는 것 등이었다.

그리고 소련은 압록강 수풍댐 발전기, 흥남비료공장 설비 등 일본인들이 설치해 놓은 최신 기계를 뜯어 소련으로 가져가고 식량까지 약탈한다는 내용도 있었다.

서북청년들은 전체주의 체제에서 일어나고 있는 공포정치(恐怖政治)의 관행에 대해서도 알려주었다. 예고 없이 깊은 밤에 공산당에게 체포되어 가는가 하면, 이유도 모른 채 처형되거나 시베리아로 유형(流刑)을 가는 경우에 대해서도 알려 주었다. 나중에 알려진 것이지만 소련군 민정사령관 로마넨코만 하더라도 10여 개의 개인 처형실을 운영하고 있었다.

북한 실상의 폭로로 남한의 좌익들이 지상낙원으로 그려 놓은 북한상은 무너져 가기 시작했다. 그 때문에 좌익들은 전국 도처에서 북한실정 보고대회 현장을 기습 공격했다.

그 대표적인 경우의 하나가 경남 밀양 사건이었다. 밀양은 일제시대 의열단을 이끌던 김원봉의 고향으로 좌익이 강한 곳이었다. 1947년 늦가을 서북청년회 밀양지부 회원 7명이 각 면을 돌며 북한실정을 알리는 강연을 하고 나서 식당에서 저녁을 먹고 있을 때였다. 갑자기 죽창을 든 수십 명의 좌익들이 공격해 왔다.

전부 몰살당할 위기에 놓이자 황해도 해주 출신으로 씨름선수였던 공원태(孔元泰)가 문고리를 잡고 홀로 저항하면서 나머지 대원들을 피신시켰다. 그 자신은 동료들의 목숨을 구하고 살해당했다.

# 함북·황해 출신들의 조직화

월남 초기에는 고향과 상관없이 여러 지역에서 모인 단체도 있었는데, 그것이 1946년 4월 용산구 남영동에서 구성된 북선청년회(北鮮靑年會)였다. 박경구, 정철, 문재준 등 20여 명으로 구성된 결사대는 다른 우익청년단체들과 연합해 남대문의 남로당 본부와 부평, 소사, 인천 등의 남로당지부를 공격했다.

다른 한편에서 정철 등 20여 명은 경기도 포천군 일동면에 토굴을 파고 살면서 38선을 넘어 오는 월남민들을 괴롭히는 좌익들을 공격했다.

함북 출신들은 1946년 6월에 함북청년회(咸北靑年會)를 조직했는데, 모이는 장소에 따라 둘로 갈렸다. 하나는 종로파로서 장윤필, 장필홍, 장창원, 임일, 반성환, 전두열, 윤하선 같은 쟁쟁한 투사들이 속했다. 다른 하나는 충무로파(본정파)로서 허금룡, 김계룡 등의 투사들이 속했다.

황해도 출신 800여 명은 1946년 6월 종로 기독교회관에서 황해회(黃海會)를 조직했다. 중심축은 해주 9·16반공사건에 가담했다가 황급히 월남한 김인식과 이영호 등이었다. 그들은 황해도 출신의 정치인들인 이승만, 김구, 장덕수(張德秀), 백남훈, 그리고 황해도 출신 기업인인 강익하를 고문으로 모셨다. 가장 가까운 지도자로는 한민당 정치부장인 장덕수를 모셨다.

황해도 월남민들은 서해를 통해 38선을 넘는 경우가 적지 않았기 때문에 인천 항구에 정착하는 경우가 많았다. 그러므로 인천은 황해도 출신들의 중요한 거점이 되었다.

## 월남민들의 38선 철폐국민대회

1946년 3월 1일 서울운동장에서는 우익 주도로 해방 후 첫 번째 맞는 3·1절 기념식이 열렸다. 그러나 그 행사에 참석했던 문봉제(文鳳濟), 채기은 등 평남 출신 청년들은 크게 실망했다.

그 집회는 같은 시간에 남산공원에서 열린 좌익들의 3·1절 기념식과 비교해 동원 인원이나 행사 진행 등 여러 가지 측면에서 초라해 보였기 때문이다. 동원 인원에 있어서도 남산공원은 10만, 서울운동장은 3만으로 우익이 크게 열세였다는 소문도 있었다.

특히 아쉽게 생각했던 것은 월남민들의 최대 관심사인 38선 철폐를 촉구하고 북한의 잔학상을 폭로하는 행사 내용이 전혀 없었던 사실이었다. 그래서 문봉제, 채기은, 이성수 등 평남 출신 청년들은 북한 문제에 대한 관심을 일깨우는 새로운 국민대회를 열려고 했다. 그러나 뿌리가 뽑혀 월남한 소수의 서북청년들이 거대한 국민대회를 개최할 힘이 있을 리 없었다.

그럼에도 불구하고 그들은 어떻든 나흘 뒤인 3월 5일에 서울운동장에서 2만 5,000여 명이 모인 대규모의 38선 철폐국민대회를 여는 데 성공했다.

그 대회를 열기 위해 월남민들은 초인적인 노력을 다했다. 서북인 단체들인 조선민주당, 양호단, 한독당, 백의사 등이 인원 동원에 앞장을 서 주었다. 평북 출신으로 「조선일보」를 경영하는 방응모(方應謨)는 군중을 모으기 위해 수만 장의 홍보 삐라를 인쇄해 주었다.

한민당, 건국청년회, 전국학생총연합 같은 남한 출신 우익단체들의 도움도 컸다. 특히 「대동신문」을 발간하는 이종영(李鍾榮)은 그의 신문에 행사 예고 광고를 계속 내보내 집회 참가를 독려했다. 그러고는 자금 지원과 함께 대회를 조직하도록 우익단체들의 준비 모임을 주선했다.

1946년 3월 5일, 서울운동장에서는 조선민주당 부당수인 이윤영을 대회장으로 38선 철폐국민대회가 열렸다. 사회자는 문봉제였다. 관북지방의 참상에 대해서는 국민회 조직부장인 채규항이, 관서지방의 참상에 대해서는 조선민주당 사무국 차장인 백남홍이 정세보고를 했다. 이승만 박사는 격려 메시지를 보내오고, 조소앙은 중경 임시정부의 대표로 참석하여 격려사를 했다.

평안남도 청년들의 주도로 짧은 시일 안에 그처럼 큰 집회가 열린 사실을 보고 남한의 보수우익들은 크게 고무되었다. 그들은 우익세력에게도 그와 같은 조직력이 있다는 사실에 대해 감격해 했다.


## 서울 소련영사관 습격

1946년 3월 5일 그날 서울운동장에서 38선 철폐국민대회를 마친 서북청년들은 "때려 부셔라 38선!" "때려 부셔라 공산당!"의 구호를 외치며 가두시위에 들어갔다. 그들은 종로를 거쳐 김구의 숙소인 서대문의 경교장까지 행진했다.

시위대는 다시 정동 골목으로 빠져 소련영사관으로 돌진했다. 영사관 담 넘어로 돌을 던져 유리창을 깨뜨리자 샤브신 총영사 등 소련인 영사관 직원들이 급히 도주했다.

미군정 기마경찰대의 출동으로 시위대는 해산되었다. 하지만 시위자들은 다시 모여 여러 무리로 나누어 서울 중심부의 좌익기관들을 습격했다. 그에 따라 인민위원회 본부, 조선공산당 본부, 해방일보사, 인민일보사, 현대일보사, 중앙일보사, 자유신문사 등이 습격을 당했다.

서북청년들의 전투적인 반공투쟁은 지금까지 좌익활동에 대해 소극적인 태도로 방관하던 남한의 우익인사들을 크게 고무시켰다.

국민대회 다음날인 3월 6일, 이승만(李承晩)은 돈암장으로 문봉제(文鳳濟), 서정선, 반성환 등 서북청년 대표들을 불러 격려했다. 그것을 계기로 문봉제는 이승만 노선을 적극 지지하게 되었고, 그 결과로 대한민국이 건국된 다음에는 내무부 치안국장과 교통부장관을 맡게 되었다.

3월 7일에는 한민당의 김성수(金性洙)가 「동아일보」 건물 3층 전체를 평남청년들과 조선민주당에게 사무실로 사용하도록 허락했다. 월남한 청년들이 모일 수 있는 장소와 연락처가 생긴 것이다. 그에 따라 평남 출신 청년들은 평남동지회를 출범시킬 준비를 할 수 있게 되었다. 그들은 이북(李北)의 제의로 「이북통신」을 발간했다.

서북청년들의 존재가 사회 표면에 드러나면서 그들은 전진한, 김헌, 유진산 같은 남한 출신의 우익청년 운동가들과도 알게 되었다. 그에 따라 1946년 4월 초 서울 YMCA강당에서 독촉청년단 주최로 전국대의원대회가 열렸을 때 문봉제는 평남동지회 대표로 초청되어 이북실정을 보고하게 되었던 것이다.

그러나 서북청년들은 아직 독자적으로 좌익들과 정면으로 부딪힐 만한 힘을 갖지 못했다. 그 때문에 그들은 우선 북한의 소련군을 축출하라는 벽보를 붙이는 일부터 시작했다. 벽보는 붙이자마자 좌익들이 떼어 버렸기 때문에 좌·우익 사이에 몸싸움이 자주 일어났다. 또한 서북청년들은 소련군과 공산당의 만행을 폭로하기 위한 북한 실정 보고강연회를 정동교회와 YMCA 강당에서 자주 열었다.


## 평안청년회의 결성

그때 동아일보사 3층의 평남동지회 사무실에 평안북도 정주에서 월남한 선우기성(鮮于基聖)이 찾아 왔다. 그는 오산학교 출신으로 만주에서 교사생활을 하면서 항일운동을 하다가 옥고까지 치렀던 독립운동가였다.

해방이 되자 그는 고향인 평북 정주로 돌아와 청년운동을 시작하면서 조선민주당 평안북도지구당을 조직했다. 그의 후원자는 오산학교 교장 주기용과 상해 임시정부 요인이었던 숙부 선우훈이었다. 그러나 공산당의 압박으로 신변의 위협을 느끼자 그는 급히 단신으로 월남한 것이다.

선우기성의 출현과 함께 동아일보사 3층에는 강시룡, 심돈섭, 길호은, 이주기, 이춘봉 같은 평안북도 출신 청년들이 출입하게 되었다. 그들의 상당수는 정주 오산학교 출신들이었다. 그들은 평안남도와 평안북도의 구분 없이 모두 한 단체로 모이기를 희망했다.

마침내 1946년 4월 중순 500명의 평남청년들과 평북청년들이 모여 평안청년회(平安靑年會)를 조직했다. 회장은 평남 출신의 백남홍이 맡고, 부회장은 평북 출신의 선우기성과 평남 출신의 문봉제가 맡았다. 그들은 강령으로, 1)반공, 2)반탁(신탁통치 반대), 3)자주독립, 4)38선 철폐를 통한 남북통일을 내걸었다.

평안청년회도 아직 조직이 약하고 자금도 없었기 때문에 우선은 북한의 참상을 알리는 벽보(壁報)를 붙이는 일에 주력했다. 그러나 조직의 목적이 좌익 타도임을 분명히 선포했기 때문에 그 과정에서 좌익들과 자주 충돌을 빚었다.

# 3부

## 보수우익의 전위대

# 좌익언론과의 싸움

1946년 5월 15일 미군정은 공산당이 위조지폐를 찍어 사용했다는 조선정판사 사건의 진상을 발표했다. 조선정판사는 조선호텔 건너편 근택 빌딩에 있던 인쇄소였다. 그 건물 안에는 조선공산당 본부도 있었다.

위조지폐를 찍어 낸 범인은 조선정판사 사장 박낙종, 공산당 재정부장 이관술, 「해방일보」 사장 권오직을 비롯한 16명의 공산당원이었다. 그들은 이미 300만 원의 위조지폐를 시중에 풀어 놓은 상태였다.

공산당은 그 사건이 미군정에 의해 날조된 것이라며 반박했다. 그러고는 조선정판사 건물에 "우리는 위폐(僞幣)와 무관하다!" "인민전선 만세!"라고 쓴 플래카드를 당당하게 걸어 놓았다. 그 건물은 미군 고위 관리들이 머물고 있는 조선호텔 맞은편에 있었기 때문에 하지 중장도 볼 수 있었다.

그러므로 평안청년회는 플래카드를 철거하려 했다. 그래서 선우기성, 강시룡, 박청산, 송태윤이 사다리를 타고 건물 위로 올라갔다. 그러다 옥상에서 공산당원들이 내리치는 돌에 맞아 모두 부상을 당했다.

평안청년회의 활동에 대해 좌익신문인 「현대일보」는 "어느 지옥에서 나온 천사들인지 허위 날조된 가소로운 루머를 퍼뜨리나?"며 비난하는 기사를 크게 실었다. 그 신문은 서북청년들을 악마라고 불렀다.

문봉제, 이주기, 이춘봉 등은 현대일보사를 찾아가 사과를 요구했다. 그러나 「현대일보」 측은 단호히 거부했다. 그러자 건물 밖에서 대기하던 평안청년회 회원 50여 명이 안으로 돌진해 인쇄시설을 파괴했다. 그 이후로 「현대일보」는 발행을 못하게 되었다.

평안청년회는 내친 김에 옆의 대성 빌딩의 중앙일보사에도 달려가 인쇄시설을 파괴했다. 그 인쇄시설은 사회주의자인 여운형이 운영하던 것으로서, 그 시설을 이용하던 좌익 4대 신문(「자유신문」, 「현대일보」, 「인민일보」, 「중앙일보」)이 그 이후로 발행을 못하게 되었다.

이번에도 미군정은 평안청년회 간부들을 체포했다. 좌우대결에서 엄정중립을 내세우는 미군의 입장에서 볼 때 서북청년들은 질서의 파괴자로 보였던 것이다. 결국 수도경찰청장 장택상(張澤相)의 노력으로 석방되기는 했지만, 서북청년들은 언제나 하지 장군과 미군정의 불신대상이었다.

인쇄시설을 파괴당한 「현대일보」는 발간을 못하다가 결국은 우익단체인 대한독립청년단의 서상천(徐相天)에게 넘어갔다. 서상천은 대구 출신의 유명한 체육계 인사로서 당시 우익청년 운동의 주요 지도자 가운데 한 사람이었다. 서상천은 「현대일보」라는 제호를 그대로 두고 우익지로 다시 발간하기 시작했다. 그러다가 1948년 2월에 서북청년회 기관지인 「평화신문」과 「국민신문」의 소유로 넘어갔다.


## 경성방직에서 좌익노조를 추방

1945년 8월 15일에 일본이 항복을 했지만, 남한에 미군이 진주한 것은 그로부터 3주 후인 9월 7일이었다. 그러므로 통치의 공백기가 생기게 되었다. 그 사이에 좌익들은 재빨리 일본인들의 재산과 공장들을 차지했다.

그에 따라 주요 공장들이 좌익 노동자들의 공장자치위원회에 의해 장악되었다. 그들은 전문가가 아니었기 때문에 공장들은 비정상적으로 운영되거나 아니면 가동 자체를 못하고 있었다. 그것은 경성방직, 조선피혁 등 많은 공장들이 모여 있는 영등포 지역에서 두드러지게 나타났다.

1946년 2월 좌익 노동자들은 전평(全評, 노동조합전국평의회)이라는 거대한 노동조직을 형성했다. 그 위원장인 허성택은 동경제대와 모스크바 공산대학을 나온 거물급의 공산주의자였다. 나중에 그는 좌익 3당을 통합한 남로당의 당수가 되었고, 북한에 가서는 초대 노동장관이 되었다.

좌익 노동자들이 차지한 공장들 가운데에는 한국인 기업가들의 공장들도 있었는데, 대표적인 경우가 영등포의 경성방직(京城紡織)이었다. 경성방직은 「동아일보」와 고려대학을 설립한 김성수의 동생 김연수가 세운 것이다.

경성방직 측은 평안청년회에 대해 그 공장을 좌익들로부터 찾아 달라고 부탁하게 되었다. 그러나 영등포 지역은 전평 위원장인 허성택이 직접 장악하고 있었기 때문에 탈환이 쉽지 않아 보였다.

1946년 8월 21일, 평안청년회 등 여러 우익단체에 속한 서북청년들은 경성방직을 탈환하기 위해 3대의 트럭에 타고 양평동으로 달려갔다. 진압대의 선두에는 평안청년회의 김성주(金聖柱), 함북청년회의 반성환(潘星煥)과 장창원(張昌元)이 있었다. 일제시대 레슬링 선수로 올림픽에까지 참가했던 평양 출신의 황병관(黃炳寬)도 끼어 있었다. 무기는 주먹뿐이었다.

서북청년들이 공장 문을 뚫고 물밀듯이 안으로 쳐들어가자 좌익

노동자들은 용광로에 붉게 달군 철봉을 휘두르며 맞섰다. 한참 동안의 난투극이 벌어진 다음, 서북청년들은 경성방직에서 질서를 되찾았다. 경성방직 측은 평남 용강 출신으로 평안청년회 간부이며 기술자이기도 한 송태윤(宋泰潤)을 공장장으로 임명했다. 송태윤은 나중에 서울공대 교수가 되었다.

서북청년들은 공장에서 좌익 노동자들을 쫓아낸 다음 대한노총(大韓勞總)의 노조 간부로 눌러 앉았다. 그와 같은 현상은 경전(京電, 지금의 한전), 철도공사, 석탄공사, 대한중석 등의 공기업들에서도 일어났다.

그러나 미군정은 이와 같은 서북청년들의 과격한 행동을 좋아하지 않았다. 미군들에게 최우선의 과제는 질서유지였기 때문에 이념 문제는 중요하지 않았던 것이다. 그 때문에 미군정은 경성방직 탈환에 앞장섰던 김성주, 반성환, 장창원, 장동춘 등 11명의 서북청년들을 수도경찰청에 구속하도록 지시했다.


## 서북청년들의 인천 공장지대 진출

경성방직 양평동 공장이 정상화되는 것을 본 경인공업지대의 공장들은 서북청년 단체들에게 도움을 요청했다. 그에 따라 서북청년들은 인천에까지 진출하게 되었다.

인천에는 항만부두와 함께 공장들이 많았기 때문에 노동자들이 많았고, 그것을 기반으로 하여 일제시대부터 조봉암, 이승엽 같은 공산주의자들이 나올 수 있었다. 그 때문에 인천은 '제2모스크바'로 불릴 정도로 좌익이 강하게 되었다. 그에 따라 동양방직, 조선제마, 조선화학, 동지포전기, 조선기계, 야전장유(醬油), 조선알미늄 등의 많은 공장들이 좌익 노동자들의 자치위원회에게 장악되었다. 그에 따라 공장들은 정상 가동을 못하고 있었다.

우익도 조직화에 나섰다. 그들은 내리교회 목사 김영섭, 「조선일보」인천지국장 최진하, 항일여성독립운동가 김경내, 예술인 정해궁 같은 지방유지들이었다. 그들은 1945년 9월에 이승만 박사를 지지하는 국민회(國民會) 인천지부를 조직했다.

10월에는 곽상훈, 하상훈, 전두영 등이 한민당(韓民黨) 인천지부를 결성했다. 곽상훈은 나중에 국회의장이 된 정계 거물이 되었다.

1946년 7월 곽상훈 등 인천 유지들의 요청으로 서울의 평안청년회(平安靑年會) 대원들이 내려와 평안청년회 인천지부를 결성했다. 그들은 평남 용강 출신의 송태윤을 비롯한 현석종, 박청산, 김관호, 김태식 등이었다.

인천에는 평안도나 황해도로부터 배를 타고 온 월남민들이 많았기 때문에 새로운 대원들을 많이 충원할 수 있었다. 그 때문에 서울에서 1946년 11월에 월남민 청년들이 연합해 서북청년회(西北青年會)를 결성하자 인천에서도 12월에 평안청년회, 함북청년회, 함남청년회, 황해청년회 등의 인천지부들을 통합하여 서북청년회 인천지부를 결성했다. 현석종, 이영진, 김문식이 그 지도자들이었다.

그들은 각 공장에서 좌익 노동자들을 몰아내는 일을 시작했는데, 가장 대표적인 경우가 평북 출신들의 모임인 압록강동지회(鴨綠江同志會) 석탄공사 분회였다. 그것은 1947년 6월 김천복 등 10여 명의 신의주 출신 월남민이 석탄공사 경비원으로 채용되면서 시작되었다. 그들은 회사 안의 좌익 명단을 작성하여 단계별로 숙청작업에 들어갔다.

월남민 가운데에는 간첩도 섞여 있었으므로 그들은 선박을 검색하는 일도 맡았다. 그 때문에 그 임무를 주도한 김천복은 인천지구 '사령관'이라는 별명을 갖게 되었다.

# 좌익노조 자리에 들어선 대한노총

서북청년들은 동양방직을 시작으로 각 공장에서 좌익노조를 쫓아내고 우익의 대한노총(大韓勞總) 분회를 조직했다. 그와 같은 현상은 조선화학비료, 조선기계, 조선제마(製麻), 조선차량, 조선알미늄, 야전장유(醬油)에서도 되풀이되었다.

그 가운데서도 야전장유의 탈환과정은 격렬했다. 그 공장은 관리인 자신이 좌익이었기 때문에 탈환작전이 번번이 실패하곤 했다. 그러다가 1947년 3월 30일 이인호, 최경천 등 30여 명이 회사에 숨어들어가 있다가 정오 휴식시간에 광장에서 전평이 집회하는 현장을 습격해 추방했다.

그러자 다음날 서울로부터 좌익 연합체인 민전(民戰, 민주주의민족전선)의 항의단이 인천검찰지청을 항의 방문하고, 우익 행동대를 지휘한 김태식(金泰植)의 체포를 요구했다. 평안청년회 간부인 김태식은 평남 출신으로 서울법원에서 근무하다가 인천경찰서장 윤무선의 권유로 근무지를 인천법원으로 옮겼던 반공주의자였다. 인천의 법원과 검찰에 숨어 있는 남로당 세포조직의 뿌리를 뽑기 위한 것이었다.

김태식은 반공동지 이옥병을 첩자로 남로당에 침투시켰다. 그러고는 1947년 8월 초 좌익 검찰청 직원 집에서 이옥병이 가짜로 남로 당에 입당하는 현장을 급습했다. 그러나 검찰청 안의 좌익 검사들은 체포된 남로당원들을 서울 본청으로 이송했다. 그러고는 좌익 검사에 의해 석방하도록 했다. 김태식은 난처하게 되었고 신변의 위협을 느꼈다. 그래서 그는 인천법원을 떠났다.

각 공장에 대한노총 분회가 만들어지면서 앞으로 노동운동을 이끌게 될 지도자들이 성장하게 되었는데 대표적인 인물이 김관호, 김광일, 박청산이었다. 대한노총 간부직에 서북 출신들, 특히 황해도 출신이 많아지게 된 데에는 이와 같은 이유가 있었던 것이다.


## 외과의사가 민전의장

서북청년들은 인천의 좌익들을 지휘하는 사령탑인 민전(民戰, 민주주의민족전선) 인천지부를 분쇄하기 위해 1947년 7월 21일 대낮에 그것이 있는 중앙동 옛 정자옥(지금의 제일은행 옆) 2층 건물을 대대적으로 공격했다. 이른바 '7·21습격'이었다.

좌익단체 총연합체인 민전 인천지부 의장 남기목은 경성제대 의학부를 졸업한 외과의사였다. 부의장인 신태범도 경성제대 출신의

의사였다. 남기목은 평남 대동군 출신으로, 그가 민전 인천지부 의장이 된 것은 민전의장인 김원봉과 친분이 있었기 때문이었다. 김원봉은 중국에서 활동하던 좌익 무장투쟁 독립운동가였다.

1947년 8월 26일 밤 11시 서북청년회 대원들은 응급환자를 가장하여 병원 문을 열게 한 다음 남기목을 창고 건물로 납치했다. 그러나 남기목은 인천 지역 유지였기 때문에 경찰 측은 그를 처벌하는 문제로 곤혹스러워했다. 그러므로 서북청년회는 남기목이 다시는 좌익활동을 하지 않겠다는 다짐을 받고 풀어 주었다. 남기목은 6·25 때 월북했다가 1·4후퇴 때 다시 인천에 나타났다.

1947년 9월 15일 남로당 인천지부가 총파업을 지시했다는 정보를 입수하자 서북청년회 인천지부는 압록강동지회 인천지부와 함께 인천 부두의 전평 사무실을 급습했다. 그들은 하역작업을 방해하는 좌익 노동자들을 체포하고 전평 간부들을 내쫓았다.

1948년 5월 10일 총선거가 결정되어 대한민국의 건국이 눈앞에 다가오자 서북청년회 압록강동지회는 한 달 전부터 시민들에게 선거반대운동이 일어나는 경우 신고해 달라고 호소했다.

# 4부

## 서북청년회로의 대통합

# 서북청년회 제1대 위원장 선우기성

1946년 초까지 월남민 서북청년들은 고향별로 단체를 조직해 제각기 대공(對共) 투쟁을 벌이고 있었다. 따라서 그들은 평안청년회, 대한혁신청년회, 양호단(養虎團), 함북청년회, 북선청년회, 황해청년회, 압록강동지회, 대동강동지회, 진룡(鎭龍)동지회 등으로 나뉘어 있었다.

그러므로 서북청년 단체들이 하나의 큰 단체로 통합되어야 한다는 주장이 당연히 일어나게 되었는데, 특히 1946년 3월 5일의 38선 철폐국민대회가 성공한 이후에 강했다. 그에 따라 서북청년회 준비위원회가 구성되었다.

그러나 서북청년회의 출범은 쉽지 않았다. 좌익 관련 사건들이 연달아 터져 서북청년 단체들이 그것들에 매달리느라고 여유가 없었기 때문이다.

5월에는 공산당 위조지폐사건이 터지고, 미소공동위원회가 중단되는 일이 일어났다. 9월에는 전평의 총파업이 전국을 휩쓸고, 10월에는 대구 10·1폭동을 시작으로 폭동이 다른 지역들로 번져 나갔다.

그때마다 서북청년들이 동원되어 좌익들의 폭동을 평정하게 되었던 것이다.

그 때문에 서북청년회의 출범은 1946년 11월 30일에 가서야 이루어질 수 있었다. 그날 서울 YMCA 강당에서 평안도(관서), 함경도(관북), 황해도(관서), 강원도(관동)를 대변하는 7개 단체 500여 명의 대표가 모여 서북청년회를 결성했다.

서북청년회가 조직은 되었지만, 위원장 선임이 문제였다. 위원장이 될 만한 사람들이 모두 나름대로 사정이 있었기 때문이다.

최적임자로 판단된 평안청년회의 백남홍은 조선민주당 사무국 일 때문에 바빴다. 대한혁신청년회의 박문은 나이가 너무 많았고, 황해청년회의 손기업은 평안도나 함경도가 아니라는 이유로 제외됐다. 평안청년회의 문봉제는 이승만의 민족통일총본부로 옮겨가 일을 돕고 있었다. 송태윤은 서울공대 교수가 되고, 채기은은 「대동신문」 편집인이 되었다.

그 문제는 위원장 나이를 35세 이하로 제한하면서 해결되었다. 그 조건에서는 34세의 선우기성(鮮于基聖)이 가장 적합해 보였기 때문이다. 선우기성은 평북 정주 출신으로 만주에서 교육사업과 독립운동을 하다가 해방 후 고향 정주로 돌아와서 조선민주당 평안북도당부를 조직했던 지식인이었다.

평북 출신이 위원장이 되었으므로 부위원장 두 자리는 함북 출신의 장윤필과 함남 출신의 조영진에게 돌아갔다. 총무부장은 황해도 출신의 김성태가 맡았다.

얼핏 보면 서북청년회가 평안북도와 함경도 중심으로 구성됨으로써 월남민의 중요 세력인 평안남도가 소외된 것처럼 생각되기도 한다. 하지만 평안남도 출신들은 조선민주당에 많이 참여하고 있었기 때문에 반공운동 자체에서 실제로 소외된 것은 아니었다.


## 선명한 반공노선

서북청년회는 남한사회에 뿌리가 없는 월남민 청년들의 모임이었다. 그런데 그것이 대공 투쟁에서 강력한 힘을 발휘할 수 있게 된 것은 그들이 갖고 있는 몇 가지 특성 때문이었다.

첫째로 서북청년회는 지적으로 수준이 높은 단체였다는 것이다. 그 회원의 태반은 일본이나 국내에서 대학을 다녔든가 5년제 중학교를 졸업했거나 재학 중인 지식인들이었다.

그러므로 그들이 대거 남한으로 쫓겨 내려왔다는 것은 북한지역이 엘리트를 잃었음을 의미하는 것이다. 그때부터 시작된 북한의 인재부족(人材不足) 현상이야말로 오늘날 북한사회를 낙후된 것으로 만든 가장 중요한 원인이 되었다.

둘째로 서북청년회는 남한의 다른 어느 우익청년단체들보다 뚜렷한 이념과 확고한 행동목표를 가지고 있었다는 것이다. 그들의 행동목표는 반공으로 분명했기 때문에 좌우합작이나 남북협상과 같은 애매모호하거나 실현이 불가능한 목표를 좇는 중도노선의 단체들과는 달리 방황하지 않았다. 또한 서북청년회는 실현 가능성이 전혀 없던 미소공동위원회에 매달리는 헛된 수고를 하지 않았다.

그리고 그것은 38선 철폐를 통해 완전한 자주독립을 이룩한다는 목표를 내세웠는데, 그러한 주장은 소련이 미국이나 남한 측과 협의해 통일정부를 세울 마음이 전혀 없다는 사실을 폭로하는 압박으로 작용했던 것이다.

서북청년회는 강령에서 '균등사회(均等社會)'의 실현을 내세우고 있었다. 그것은 그들이 소수의 이익만을 대변하는 것으로 오해될 수 있는 자본주의나 보수주의를 맹목적으로 신봉하지 않았음을 보여주고 있었다. 그들은 북한에 있었을 때 유산층에 속했을지 몰라도 남한에 와서는 뿌리가 뽑힌 빈민(貧民)의 신분으로 떨어졌고, 그 때문에 자연스럽게 경제적 평등주의를 내세우게 되었던 것이다.

## 김구와 이승만이 정신적 지도자

그러나 그들의 경제적 평등주의는 사회주의와는 관련이 없었다. 오히려 그것은 중경 임시정부 요인인 조소앙의 삼균주의(三均主義)에 토대를 두고 있었다고 하는 것이 더 정확할 것 같다.

그러한 의미에서 그들은 이념적으로 중경 임시정부와 관련이 깊었다. 임시정부에는 김구를 비롯해 서북인들이 많았고, 그 때문에 그들은 임시정부에 대해 호감을 가지고 있었다. 그러한 이유로 그들의 대부분은 심정적으로 이승만보다는 김구에 더 가까웠다.

이승만도 김구처럼 황해도 출신이기는 했지만, 두 살 때 서울로 왔기 때문에 독립운동 시절에는 서북파가 아닌 기호파에 속했다. 서북청년들로서 김구보다 이승만을 더 지지했던 사람은 이승만의 민족통일총본부에서 일했던 평남 출신의 문봉제 정도였다.

중앙총본부를 동아일보사 3층에서 광화문의 시민회관(지금의 세종문화회관) 입구 3층 건물로 옮기면서 서북청년회는 더욱더 전투적이 되어 갔다. 광화문은 교통이 편리한 곳이었기 때문에 시위를 위해 회원들을 동원하기가 쉬웠다.

그들은 매일 정오 사이렌 소리가 나면 광화문에 모여 시위를 벌였다. 서북청년회 회원들은 1개월 1회 이상의 동원에 참가할 의무가 있었고 3개월 이상 회비를 미납하면 회원 자격을 박탈당할 정도로 규율이 엄격했기 때문에 동원이 잘 됐다.

그들은 행사나 시위 때마다 단결심을 고취하기 위해 '서북청년행진곡'을 불렀는데, 그것은 일제시대 만주에서 부르던 '독립군행진곡'의 곡조에 나름대로의 가사를 붙인 것이었다. '독립군행진곡'은 만주와 가까운 서북지역에서는 친숙한 노래였다.


우리는 서북청년군 조국을 찾는 용사로다

나가 나가 38선 넘어 매국노 쳐버리자

진주(眞珠) 우리 서북(西北) 지옥이 되어

모두 도탄에서 헤매고 있다

동지는 기다린다 어서 가자 서북에

등잔밑에 우는 형제가 있다

원수한테 밟힌 꽃봉이 있다

동지는 기다린다 어서 가자 서북에.

동지는 기다린다 어서 가자 서북에.

## 서북청년회의 빈약한 재정상태

서북청년회와 서북청년들은 한 마디로 가난했다. 그들은 북한에서 뿌리가 뽑혀 쫓겨 온 피난민 또는 전재민(戰災民)이었기 때문이다. 따라서 그들의 상당수는 노숙자였고, 합숙소 생활자였다.

1947년 4월 평안청년회가 조직되었을 때 그들이 가지고 있었던 돈은 서북청년 이주기의 장인 오계석이 내놓은 5,000원뿐이었다. 그 돈은 당시의 기준으로 보아도 단체의 활동비로는 극히 적은 액수였다. 그 돈이 얼마나 적은 것이었는가는 다음의 몇 가지 사례와 비교해 보면 쉽게 알 수 있다.

해방 직후 중경에서 귀국한 임시정부의 김구 일행 수십 명에게 한민당 중심의 환국지사후원회가 건넨 돈이 900만 원이었다. 이범석의 민족청년단이 미군으로부터 받은 지원금도 수백만 달러였다는 소문이 있었다.

그리고 공산당이 재빠른 적산(일본인 재산) 취득으로 얻은 돈이 6,000만원, 북한의 소련군이 붉은 군표 사용으로 발행한 조선은행권을 남한 공산주의자들에게 보낸 것만도 1,000만원이었다. 그리고 조선공산당이 위조지폐를 찍어 첫 번째로 사용한 액수만도 300만원이었다.

서북청년들의 반공투쟁에 대해 남한 출신 기업가들도 돕기는 했다. 그리고 지방유지들이 서북청년회의 파견을 요청하는 경우에 약간의 필요 경비를 부담하기도 했다. 하지만 그것들은 액수가 크거나 자주 있었던 일이 아니었다.

그래서 서북청년들은 북한 출신 기업가들에게 손을 벌리는 경우가 많았다. 그러한 독지가들 가운데에는 평북 출신의 **최태섭**(나중의 한국판유리)과 황해도 출신의 **최성모**(나중의 대한생명과 신동아 그룹)가 대표적인 경우였다. 그러나 북한 출신 기업가들도 기본적으로는 뿌리가 뽑힌 피난민이었으므로 도움은 그렇게 크지 못했다.

서북청년들의 또 다른 자금 줄은 미군정에서 근무하는 평안도 출신 고위관료들이었다. 그들은 오정수 상공부장, 이용설 보건후생부장, 이대위 노동부장, 정일형 인사행정처장, 유동열 통위부장 등이었다. 특히 오정수 상공부장과 한승인 상역국장은 배급표를 넉넉하게 분배함으로써 서북청년들이 활용할 수 있도록 배려하기도 했다. 그러나 그러한 경우는 항상 있는 일이 아니었다.

한 마디로 서북청년들은 가난했고 굶주렸다. 그러므로 서북청년회는 서울역에 피난민 안내소를 설치하고 월남하는 피난민들에게 갈 곳을 안내해 주었다. 남선파견대가 있는 대전에서도 남선파견대장 임일이 조선이재민동맹을 조직하고 송 목사와 함께 난민 구제사업을 벌였다. 지방의 다른 지역에도 그러한 안내소가 설치된 곳들이 있었다.


## 주먹패와의 관계

서북청년회 대원은 대부분 북한에서 학교를 졸업했거나 다니던 지식인들이었지만, 그 가운데는 간혹 주먹으로 유명했던 사람들도 있었다. 그러나 그들은 요새 말하는 조직폭력배가 아니라 일제 때 일본인들에 대항해 정의의 주먹을 날리던 김두한 유형의 협객(俠客)들이었다.

그들 가운데 이화룡(李華龍)은 평양 출신으로 명동지역의 상권을 지배하면서 김두한의 종로패와 경쟁하는 위치에 있었다. 시라소니로 알려진 이성순(李性淳)은 평북 신의주 출신으로 나중에 장면 박사의 경호를 맡기도 했다. 평양 출신의 황병관(黃炳寬)은 일본 메이지대학 재학 때 올림픽대회까지 참가했던 유명한 레슬링 선수였다. 그러나 이 국보적인 황병관은 6·25전쟁 중인 1952년 5월 부산 피난지에서 깡패의 권총에 맞아 애석하게도 비명에 갔다.

이들에 관한 이야기는 2002~2003년 사이 협객 김두한을 주인

공으로 다룬 SBS 드라마 「야인시대」에서 다루어진 바 있다. 드라마이기 때문에 간혹 정확치 않은 내용도 있다. 하지만 해방정국의 우익청년 운동을 간접적으로나마 이해하는 데는 큰 도움이 되고 있다.

## 미군정 경찰과의 협조

2만 명 전후의 빈약한 미군정 경찰력만으로는 거대한 사회주의 혁명의 물결을 제어할 수가 없었다. 게다가 경찰 내부에는 좌익과 기회주의자들이 적지 않았기 때문에 그 힘은 실제로 더 약했다. 그러므로 미군정 경찰 책임자인 경무부장 조병옥과 수도경찰청장 장택상은 치안유지를 위해 서북청년들에게 도움을 요청할 수밖에 없었다.

당시 좌익들은 남로당, 전평노조, 농민동맹, 학생동맹, 부녀동맹, 민애청(민청), 학병동맹과 같은 많은 단체들로 이루어져 있었다. 그들은 연합해 거대한 민전(민주주의민족전선)을 형성하고 있었다. 가입자는 150만 명으로 주장되고 있었다. 좌익 가운데에는 지식인들이 많았기 때문에 그 실제 영향력은 더욱더 컸다.

이와는 달리 우익 진영은 숫자도 적었을 뿐만 아니라 조직도 산만했다. 무엇보다도 대중적 기반이 약했다.

예를 들어 이승만을 지지하는 국민회는 도·군 단위의 지부가 있기는 했지만, 주로 지방유지들과 중산층으로 이루어져 있었다. 김성수의 한민당도 그 지지기반이 지방의 지주층과 부유층에 한정되어 있었다. 김구의 한독당도 국내에 기반을 갖지 못한 해외파였기 때문에 지방의 대중적인 뿌리가 약했다.

그나마 단결력과 투쟁성을 가진 우익 대중조직(大衆組織)은 사실상 서북청년회뿐이었다. 서북청년들은 반공사상에 투철했을 뿐만 아니라 합숙소 생활을 하는 독신자들이었기 때문에 단결력이 강했다.

그러므로 서울의 서북청년회 중앙총본부는 경찰과 지방의 우익들을 돕기 위해 지방으로 수십 명, 때로는 수백 명씩 대원을 파견하게 되었다. 지방에 내려간 서북청년회 대원들은 국민회, 농민회 등의 우익단체 지부들과 협력하여 좌익과 싸우는 한편, 서북청년회 지부를 결성했다.

그러나 외지인(外地人)인 서북청년들은 그 지방실정을 잘 몰라 지역인사들에게 정치적으로 이용되는 경우도 적지 않았다. 그 때문에 본의 아니게 엉뚱한 인물들을 공산주의자로 공격하는 실수도 있었다. 지방유지들이 자신들의 불미스러운 행동을 서북청년회의 소행으로 떠넘겨 누명을 쓰는 경우도 많았다.


## 남대문 충돌사건으로 서북청년회가 뜨다

1947년 3월 1일 우익 진영(민족진영)은 서울운동장에서 기념식을 마친 뒤, 신탁통치 반대와 자주독립을 외치며 가두시위를 벌였다. 시위행렬 맨 앞에는 이철승의 전학련(전국학생총연맹)이 서고 다음으로 선우기성의 서북청년회가 섰다.

시위대가 남대문에 이르렀을 때 남산광장에서 따로 3·1절 기념식을 마친 좌익들이 남대문 쪽으로 내려오고 있었다. 우익 행렬과 좌익 행렬이 마주치면서 큰 충돌이 일어날 위기에 부딪혔다.

그때 남대문 옆 남로당 본부 건물 3층으로부터 우익 시위대를 향해 총알이 날아왔다. 전학련 학생 10여 명이 쓰러지면서 우익 시위대는 사방으로 흩어져 숨었다. 너무 급해 갑자기 멈춰선 전차 밑에 숨은 사람들도 있었다. 급히 연락을 받고 출동한 미군 MP들이 총에 맞아 쓰러진 우익학생들을 지프차에 싣고 요란한 사이렌 소리와 함께 달려갔다. 길거리는 텅 비어 있었다.

이때 전차 밑에 숨어 있던 서북청년회 훈련부장 반성환이 나와서 큰 소리로 서북청년들을 불러 모았다. 순식간에 수백 명의 서북청년회 단원들이 모였다. 그들은 대열을 정비하여 '서북청년행진가'를 부르며 다시 시위를 시작했다. 길가의 시민들이 박수를 보냈다. 좌익의 총격에도 두려워하지 않는 대담성에 대한 감사의 표시였다.

사흘 후 반성환은 두 대의 트럭에 서북청년회 대원들을 싣고 남대문 옆의 남로당 본부로 찾아가 강력하게 항의했다. 그리고 총을 쏜 자를 찾아내라고 요구했다. 남로당 간부들은 사과하고 그렇게 하기로 약속했지만, 그 후 그들은 그 약속을 지키지 않았다.

서울에서는 좌익 노동자들의 잦은 파업으로 전차 운행이 정지되는 일이 수시로 발생했기 때문에 그것을 막기 위해 서북청년회는 경전(京電)에 대원들을 파견했다. 1947년 5월 29일 경전 측은 서북청년 30명을 사원으로 채용했다. 그에 따라 서북청년회 경전특별지부가 조직되었다. 그 후로는 운행 정지 사태가 일어나지 않았다.


## 서북학생들을 위한 문교부장 유억겸의 용단

월남한 서북청년들의 상당수가 학생들이었기 때문에 그들이 다시 학업을 계속하도록 대책을 세우는 것이 무엇보다도 중요했다. 이미 입학이 된 학생들도 있었지만, 그들은 남한의 좌익학생들로부터 괴롭힘을 당하기 일쑤였다. 평북 선천 출신으로 나중에 원자력 전문가가 된 이창건(李昌健)이 서울의 5년제 중학교에 편입했다가 그런 괴롭힘을 당한 것이 대표적인 경우였다.

그러나 더 큰 문제는 대부분의 학생들이 북한에서의 학력을 인정받을 방법이 없어서 남한 학교의 입학과 편입이 불가능했다는 사실이다. 그들은 급하게 몰래 북한을 탈출하느라고 학력 증명서를 갖추지 못했던 것이다.

그들을 위해 서북청년회가 나섰다. 함북 무산 출신으로 서북청년회 학생처장인 김계룡(金桂龍)이 강하게 미군정을 압박했다. 그래서 1947년 2월 초 그는 미군정 문교부장 유억겸(兪億兼)의 동의를 얻어냈다.

유억겸은 우리나라 최초의 개화파로 『서유견문』을 써서 서양의 문물을 소개한 유길준의 둘째 아들이었다. 그는 동경제대를 졸업한 뒤 연희전문학교 교장을 지낸 경제학자였다.

그는 서북청년들에게 동정적이었고 그 때문에 북한의 학력은 서북청년회 위원장의 확인서로 대치할 수 있도록 허락해 주었다. 그리고 북한 출신 학생 대부분이 고학생인 점을 감안하여 야간에 수업을 들을 수 있도록 대학에 2부제를 도입했다.

이러한 파격적인 교육정책을 미군정이 도입한 데는 그 나름의 계산이 있었다. 당시 미군정은 이른바 '국대안(國大案)'을 추진하고 있었다. 그것은 일제시대의 경성제대와 여러 전문대학을 통합해 국립서울대학교를 설립하려는 방안이었다.

그런데 좌익학생들과 좌익교수들이 그것을 완강히 거부하고 있었다. 그러자 미군정은 우익 성향이 강한 서북청년들이 대학에 들어오면 좌익학생들을 견제할 수 있으리라고 생각했던 것이다.

그 때문에 미군정은 월남한 서북청년들의 요구를 받아들였고, 그 제도는 1947년 2월부터 시행되어 월남민 학생들은 신학기부터 학교에 등록할 수 있었다. 그에 따라 1947년에만도 무려 6,000명이 혜택을 입었다.

# 5부

## 서북청년회의 지방 진출

# 혁명으로 권력을 잡는다는 좌익들

조선공산당의 박헌영은 미군정에 대해 자신들이 급조한 '조선인민공화국'과 그의 지방 조직들인 인민위원회들에게 정권을 넘기라고 계속 요구했다.

그러나 미군정은 그들의 존재를 인정하지 않았다. 일본을 항복시키는 데 이렇다 할 공로가 없는 남한의 공산주의자들에게 미군이 권력을 넘겨줄 리 없었던 것이다.

그러므로 박헌영의 공산당은 혁명, 즉 폭동을 일으켜 미군으로부터 권력을 빼앗으려 했다. 그러한 생각은 1946년 5월 6일에 제1차 미소공동위원회가 중단되면서 더욱더 강해졌다. 그렇게 되면 미군과 소련군의 합의를 통해 남북합작, 좌우합작의 연립정부가 들어 설 가능성이 없어지고, 그에 따라 좌익들이 주도권을 잡을 기회가 사라질 것으로 생각되었기 때문이다.

그에 따라 1946년 9월 24일의 철도파업을 시작으로 하여 노동자들의 파업이 전국으로 퍼졌다. 이른바 '9월 총파업'이 일어난 것이다. 그것은 대구 10·1폭동으로 이어지면서 사회혁명으로 전개되었다. 대구를 시작으로 각지에서 좌익들은 경찰서를 습격해 경찰을 살해하고 무기를 탈취하는가 하면, 우익청년단체의 간부들을 살해했다.

## 임일의 남선파견대

1946년 11월 30일에 서북청년회가 정식으로 출범하기 전까지 서북청년들은 소속 단체별로 미군정 경찰의 폭동진압에 가담했다. 그러다가 서북청년회가 탄생하자 그들은 그 세력을 남쪽의 충청도, 경상도, 전라도로 확대할 능력을 가지게 되었다.

지방 진출을 위해 서울의 서북청년회 중앙총본부는 1947년 6월 10일 대전에 남선(南鮮)파견대를 설치했다. 그러고는 그곳으로부터 좌익들의 문제가 터지는 곳마다 대원들을 파견했다. 파견 인원은 한번에 적게는 20명, 많게는 40명이었다.

이처럼 서북청년회 대원들을 지방으로 파견하게 된 것은 주로 좌익들에게 시달리는 지방 유지들의 요청이 있었기 때문이었다.

그러고는 계속 38선을 넘어오는 서북청년들의 서울 집중을 막기 위한 것이기도 했다.

남선파견대장 임일(林一)은 함경북도 청진 출신으로 그 대담성 때문에 좌익들로부터 '장군'이라는 야유성의 별명을 얻게 되었다. 그것은 그가 남선파견대장으로 충청남북도와 호남 일대에서 명성을 날릴 때 전라북도 군산의 어느 좌익 신문이 붙여준 이름이었다.

사건이 터지는 곳마다 전국을 쫓아가다 보니 임일은 바쁜 몸이 될 수밖에 없었다. 그는 인천 애관극장과 광주 금남로 피습 등의 수많은 사건에서 좌익들로부터 죽을 고비를 넘겼다. 또한 그는 미군들에 의해 테러리스트로 지목되어 수없이 체포되고 구금되었다. 미군CIC에 의해 구속된 것만도 9번, 미군정 경찰에 의해 구속된 것만도 5번이었다. 말년에는 개신교 목사가 되어 경기도 고양군 능곡의 덕양에서 목회를 했다.

남선파견대가 있는 대전도 좌익이 강한 지역이었다. 그 때문에 유성농조사건에서 황해도 출신 서북청년회 대원인 이창복이 살해당하기도 했다.

임일의 용감성은 대전의 좌익들이 1947년 5월 1일에 2만 명을 동원하여 대규모의 노동절 집회를 열었을 때 드러나기 시작했다. 집회 단상에서 민전의장이 서북청년회를 비난하는 발언이 나오자 남선파견대장 임일은 용감하게 혼자 단상으로 올라가 항의하는 대담성을 보였던 것이다.

# 영동 국방경비대의 서북청년 학살

그보다 더 끔찍한 사건은 1947년 6월 충청북도 영동에서 일어났다. 국방경비대 내부의 좌익 군인들이 민간인인 서북청년회 대원 10명이 잠자고 있는 숙소를 습격해 죽창으로 학살한 것이다. 그것은 대전의 남선파견대에서 파견된 장훈종(張訓宗) 일행 15명이 도착한 지 일주일 만에 당한 사건이었다. 그나마 5명이 화를 면하게 된 것은 합숙소가 좁아 어느 지방유지의 집에 따로 투숙했기 때문이었다.

당시 영동에는 1,000명 정도의 국방경비대가 주둔하고 있었는데, 그 대부분이 좌익이었다. 그 때문에 아침 점호 때는 '적기가(赤旗歌)'가 울려 퍼질 정도였다. 주민들이 공포에 떨 수밖에 없었다.

그런데도 미군정은 좌우합작의 중립정책을 밀어붙이면서 공산당을 합법화하고 있었다. 여기에 덧붙여 미군이 좌익을 더 두둔하게 된 데에는 통역(通譯)들의 역할이 컸다. 당시 통역들 가운데에는 공산주의 성향을 가진 사람들이 많았는데, 그러한 현상은 지방에서 특히 강했다.

국방경비대에 그처럼 좌익이 많이 침투할 수 있었던 것은 신병을 모집할 때 사상 검증이 전혀 없었기 때문이었다. 사병의 경우에는 길거리에서 지원자를 모집할 정도로 신상관리가 허술했다. 그러한 허점을 이용해 공산당(남로당)은 많은 당원을 국방경비대에 집어넣었다.

좌익 군인들, 특히 장교들 가운데에는 일제 때 대학을 다니다가 일본군에 끌려갔던 학병 출신들이 많았다. 제주 4·3폭동사건, 여수 순천 반란사건을 비롯해 거의 모든 좌익 군인 반란사건에서 주동자는 대부분 학병 출신이었다.

대전의 남선파견대장 임일은 영동학살 보고를 받고 즉시 20명을 데리고 영동으로 출발했다. 뒤이어 훈련부장 허태화(許泰和)가 증원대를 데리고 뒤따랐다. 그들은 소문이 나지 않도록 피난민으로 위장하고 두 정거장 앞에서 내려 걸어갔다. 또한 장날을 찾아가는 행상 행세를 하고 있었다.

다행하게도 영동의 우익 지도자들인 태극청년단장, 세무서 관세과장, 국민회 지부장, 애국부인회 회장은 아주 협조적이었다. 특히 평안도 출신인 경찰서장은 서북청년회에 숙소를 마련해 주는 등 적극적이었다.

# 임일이 김구에게 사태 수습을 부탁

서북청년회는 상대방이 군인들이었기 때문에 지극히 조심했다. 민간인들이 무장을 갖춘 군인들을 공격하는 것은 쉬운 일이 아니었다. 그 결과도 아주 불리할 것임은 너무나 분명했다.

그러나 임일은 일단 행동을 하고 난 다음 뒷일을 생각하려고 했다. 이번에 보복을 하지 않으면 다른 곳에서도 똑같은 일을 당하게 될 것이기 때문이다. 공격할 때 일반 군인들이 다치지 않도록 좌익 병사들이 모여 있는 막사를 확인하려고 했다. 그에 대한 정보는 영동 국방경비대 내부를 잘 아는 세무서 관세과장이 제공해 주었다.

공격일로 결정된 날 새벽 2시 서북청년회 대원 20명은 영동 국방경비대 안의 좌익 막사를 공격했다. 무기는 몽둥이였다. 깜깜한 밤에 급작스럽게 벌어진 싸움에서 양측은 모두 큰 희생을 냈다. 서북청년회 간부인 임일, 장훈종, 허태화도 모두 부상을 당했다.

임일은 자신의 힘으로 사건 해결이 불가능함을 직감하고 그 길로 서울로 올라갔다. 그러고는 경교장의 김구를 찾아갔다. 임일은 상해 임시정부 요인을 지낸 백부 임병희 때문에 김구와 친분이 있었다. 더욱이 나중에 그의 장인이 된 한독당 당원 남 목사와의 인연 때문에도 김구와 아는 사이였다.

김구는 임일에게 다시는 그런 일을 하지 말라고 당부했다. 그러고는 광복군 출신으로 미군정의 요직을 맡고 있던 유동열(柳東悅) 통위부장과 송호성(宋虎聲) 국방경비대 사령관에게 수습을 부탁했다.

미군 측은 임일부터 체포해야 한다고 주장했다. 하지만 영동에서 좌익 군인들이 그동안 벌인 행패가 알려지게 되면서 사건은 흐지부지되고 말았다.


## 충북 좌익들과의 투쟁

충북 옥천은 공산당이 너무나 강해 우익은 활동할 생각조차 하지 못하고 있었다. 마침내 좌익의 위협을 견디다 못한 옥천군 한독당 위원장이 대전으로 남선파견대의 임일을 찾아와 지원을 요청했다.

임일은 50명을 데리고 옥천으로 갔다. 임일 일행은 국민회 지부의 도움을 받아 벽돌공장 합숙소에 묵었다. 경찰서장 최중호는 이북 출신이라 협조적이었다.

좌익들은 서북청년회를 테러단이라고 중상모략하는 삐라를 뿌리고 벽보를 붙였다. 그때 평남 대동군 출신으로 옥천에서 초등학교 교사를 하는 이모 씨가 우익의 앞잡이라는 이유로 좌익들에게 맞아 피투성이가 된 채 서북청년회 파견대를 찾아왔다.

분개한 서북청년회 파견대는 좌익과 싸우기로 결정을 내렸다. 그러나 임일은 좌익들이 먼저 움직이기를 기다렸다. 그래서 그는 우선 독립촉성국민회, 애국부인회, 한독당의 후원을 받아 옥천초등학교 강당에서 북한진상 보고강연회를 개최하려고 했다. 벽보를 붙이자마자 좌익들이 전부 떼어 버렸기 때문에 서북청년회가 다시 붙이려고 하면서 좌우 사이에 충돌이 일어났다.

그러자 미군 CIC는 외부세력인 서북청년회가 먼저 질서를 파괴했다는 이유로 임일을 연행해 갔다.

마음을 놓게 된 좌익들은 옥천읍 장터에서 서북청년회를 규탄하는 집회를 열었다. 그때 서북청년회 파견대는 100여 명의 인원을 동원해 공격했다.

청주에서도 좌익의 위력은 대단했다. 그 때문에 서북청년회 충북 파견대장인 전희벽(田熙璧)이 국민회 지부장과 함께 대전의 남선파견대 본부를 찾아와 지원을 요청했다. 전희벽은 평북 강계 출신으로 유명한 여류 소설가 전숙희의 남동생이었다. 그들은 임일이 청주에 와서 반공강연을 해 줄 것을 요청했다. 그리고 남선파견대가 조직한 백조극단이 연극 '탈옥수의 고백'을 공연해 줄 것도 요청했다.

임일이 청주에 도착해 강연을 하기 위해 청주여중 강당 단상에 올라가자 좌익들이 야유와 함께 무대로 뛰어 올라와 방해를 했다. 서로 옥신각신하는 중에 임일은 부상을 입었다. 그러나 임일이 물러나지 않고 끝까지 맞서자 좌익들의 위세가 꺾이면서 조용해졌다. 청주가 평정되어 가기 시작했던 것이다.

보은에 파견되어 있던 서북청년회 대장도 대전의 남선파견대에 지원을 요청해 왔다. 임일은 35명을 데리고 보은에 도착해 국민회 지부의 도움으로 숙소를 마련했다. 숙소를 세 곳으로 나눈 것은 좌익들이 공격할 경우 전원 몰살의 참극을 피하기 위해서였다.

그런데 그날 밤 300여 명의 좌익들이 죽창을 들고 세 곳을 동시에 공격해 왔다. 숙소에 관한 정보가 샌 것이다. 서북청년회 대원들 적지 않은 숫자가 중경상을 입었지만, 일단 그들을 격퇴하는 데에는 성공했다. 그러나 미군 CIC는 외부인인 서북청년들이 질서를 파괴했다고 임일을 체포해 5일간 구금했다.

제천에서도 서북청년회 대원 서한동이 대낮에 도끼로 찍혀 사망할 정도로 좌익들의 힘이 강했다. 남선파견대의 임일은 35명을 이끌고 지원에 나섰다.

그러나 제천의 우익들은 임일 일행에게 협조하기는커녕 사태를 시끄럽게 만들지 말고 떠날 것을 요구했다. 맥이 빠지는 상황이었다. 임일이 물러나지 않겠다는 단호한 태도를 보이자 그제야 그들도 용기를 내어 협조하기 시작했다. 서북청년회는 파견대장 송별암을 앞세우고 제천 장터에 집결한 좌익들을 공격했다.

그러나 여기서도 임일은 상습 테러리스트라는 이유로 미군 CIC에 체포되어 제천경찰서에 5일 동안 구금되었다. 그러나 제천의 좌익은 결국 평정되고 말았다.


## 호남 좌익들과의 투쟁

전남 광주에서도 좌익이 너무 강해 우익 진영(민족 진영) 단체들이 거의 활동을 할 수 없는 형편이었다. 임일 일행이 광주에 도착하자 미군정의 전남 도지사 서민호와 경찰청장은 서북청년회가 무엇을 하러 여기에 왔는지 물을 정도로 냉담한 태도를 보였다. 그들은 도우려는 태도를 보이기는커녕 충돌이 일어나지 않도록 조심하라는 당부만 했다.

임일 일행 5명은 광주 금남로를 걷다가 200여 명의 좌익으로부터 기습을 당했다. 임일이 부상을 당해 담을 뛰어넘어 들어간 집이 다행히 경찰국 경비과장의 집이었다. 그래서 좌익들에게 잡히지 않을 수 있었다. 나머지 대원들도 경호 경찰이 신고하는 바람에 목숨을 건졌다. 임일 일행은 모두 병원에 입원해 20일 만에 퇴원했다.

서북청년회는 우선 반탁·반공 포스터를 시내 전역에 붙이는 일부터 시작했다. 그리고 광주 극장을 빌려 임일이 북한실정 보고강연을 하고, 남선파견대가 조직한 백조극단이 연극 '탈옥수의 고백'을 공연하도록 계획을 세웠다. 어렵게 공연을 시작하고 보니 뜻밖에도 극장은 만원이었다.

임일이 강연을 하려고 무대에 올라가자 좌익들이 몽둥이를 들고 뛰어 올라와 마구 두들겨 부수기 시작했다. 그 바람에 서북청년회 대원 7, 8명이 피투성이가 되어 쓰러졌다.

임일이 좌익들을 쫓기 위해 숨겨 가지고 간 권총으로 문을 향해 공포를 쏘자 좌익들은 일단 주춤했다. 그 사이 서북청년회 대원들은 뒤쪽 비상구를 통해 탈출했다. 나중에 미군 CIC가 권총을 압수하기 위해 서북청년회 사무실로 왔지만, 권총은 이미 다른 곳으로 옮겨 놓은 뒤였다.

임일이 광주에서 부딪혔던 또 하나의 어려운 문제는 김성수의 한민당과 김구의 한독당이 극심한 갈등을 보였다는 사실이었다. 당시 두 당은 모두 우익에 속하는 것으로 생각되었지만, 한민당 지도자인 송진우가 암살된 이후 한민당과 한독당 사이에는 미묘한 긴장감이 일어났던 것이다. 한민당은 송진우 암살의 배후에 한독당이 있다고 의심하던 터였다.

한민당의 그러한 감정은 광주지역에서 한독당을 빨갱이로 모는 지경에까지 이르러 있었다. 당시 한독당 광주지부 위원장은 유명한 문인 이은상이었다. 그에 따라 김구의 절대 지지자인 임일은 광주에서 아주 난처한 입장에 놓이게 되었다.

1947년 3월 1일 전남 광주극장에서 남로당을 주축으로 좌익들의 모스크바 결정 지지 행사, 즉 신탁통치를 지지하는 행사가 벌어졌다. 서북청년회 황해지부 대원들은 광복청년회와 합동으로 그것을 분쇄했다.

임일 일행 30여 명은 서북청년회 지부를 설치하기 위해 목포에도 갔다. 한독당 목포지부 위원장의 적극적인 지원 덕분이었다. 그러나 임일 일행은 주막집에서 좌익 300여 명의 습격을 받아 죽을 뻔했다. 다행히 미군정 경찰기동대의 출동으로 목숨은 구했다.

그러자 미군 CIC가 찾아와 임일을 체포하려 했다. 임일은 그들을 설득해 체포는 모면했다. 하지만 밤에 또다시 그들의 임시 합숙소가 좌익의 습격을 받았다.

# 6부

## 영남지방에서의 반공투쟁

## 경북 좌익들과의 투쟁

대구의 우익들도 대전의 남선파견대에 지원을 요청해 왔다. 그에 따라 장군, 임원빈 등 15명의 서북청년회 황해지부 대원들이 파견되었다. 남선파견대장 임일은 그들에게 "공산당에게 절대로 지지 말라."는 말로 각오를 새롭게 했다. 서북청년회 파견대는 대구에 도착해 숙소에 들어가자마자 좌익들로부터 수류탄 공격을 받았다.

1947년 6월 20일 대구역전 공회당에서는 좌익 500여 명이 참석한 가운데 남로당 경북도당과 전평(全評) 주최로 신탁통치를 지지하는 웅변대회가 열렸다. 그 행사를 방해하기 위해 서북청년회 30여 명 대원은 운동선수로 가장하고 야구 방망이를 든 채 분산해 입장했다. 무대에서 "이승만, 김구를 타도하자!"는 구호가 스피커를 통해 흘러나오는 순간, 서북청년회 대원들은 전기를 끊고 야구 방망이를 휘둘렀다. 공회당은 아수라장이 되었다.

서북청년회 대원들은 여러 명의 좌익을 체포해 포항으로 끌고 가서 목선(木船)에 실어 그들이 살기 좋다고 선전하는 북한으로 보냈다. 이들은 북한에서 수개월 동안 훈련을 받은 다음 다시 이남으로 되돌아왔다. 이 일 때문에 10여 명의 서북청년회 대원이 미군 CIC에 체포되었다.

대구의 좌익 신문인 「민성일보」가 매일 서북청년회를 혹독하게 공격하자 임일은 민성일보사를 방문하여 기사 정정을 요구했다. 그러자 오히려 「민성일보」는 다음날 기사에서 서북청년회가 신문사를 협박했다고 크게 보도했다. 할 수 없이 서북청년회는 「민성일보」를 공격해 인쇄시설을 파괴함으로써 더 이상 발행을 못하게 했다.

1947년 8월에서 12월에 이르는 사이에 서북청년회 황해지부 파견대는 경북 각 지역을 돌았다. 순회강연과 호별 방문을 통해 북한이 지상낙원이라는 좌익들의 선전이 허구임을 폭로했다. 그 과정에서 밀양 씨름선수 출신의 대원 공원태가 죽창에 찔려 사망하는 사건이 일어났다.


## 경남 좌익들과의 투쟁

좌익들은 부산·경남지역에서도 우익들에 비해 압도적으로 우세했다. 그 때문에 그들의 사무실은 옛 부산역 앞 중앙동, 대신동과 같은 도심지(都心地)에 자리를 잡고 있었다. 그들은 남로당, 인민공화당, 사회노동당, 민애청, 여성동맹, 전평, 해운동맹, 농민동맹으로 나뉘어 있었지만 실제론 민전(民戰)으로 통일되어 있었다. 부산의 6개 신문도「자유민보」만을 제외하고는 전부 좌익계였다.

1947년 6월 부산에서는 일주일 간격으로 두 명의 우익인사가 좌익들에게 암살되는 끔찍한 사건이 일어났다. 6월 15일 대낮에 남부산경찰서장이 피살되고, 일주일 후에 독립촉성국민회 경남지부장이 살해당한 것이다.

그런데도 미군정 경찰은 아무 힘도 쓰지 못했다. 그 때문에 서면 일대의 고무공장, 견직공장, 목재공장 등을 운영하는 기업가들은 살기 위해 좌익들에게 돈을 바치고 있었다.

부산에도 한민당, 한독당, 광복청년회, 민족청년단, 대한노총, 애국부인회, 국민회와 같은 우익단체들이 있었다. 그러나 좌익들의 위세가 너무나 강했기 때문에 그들은 제대로 목소리를 내지 못했다. 서울에서 내려온 대한노총(大韓勞總)만이 철도와 부두에서 좌익 노동자들과 맞서고 있을 뿐이었다.

보다 못한 부산지역의 우익들은 서울의 서북청년회 중앙총본부에 지원을 요청했다. 그에 따라 1947년 6월 22일 훈련부장 반성환을 책임자로 하는 30명이 부산에 파견되었다. 함경도 출신들이 주축을 이루었고 약간의 강원도 출신들이 섞였다. 부산까지 가는 여비가 부족하여 기차표를 사지 못한 5, 6명은 차표 검사 때 이 칸 저 칸 옮겨 다니는 고충을 겪어야 했다.

서북청년회 경남도본부에는 지식인들이 많았다. 그들 대부분이 일본에서 대학을 다녔거나 최소한 5년제 중학 이상의 학력을 가진 사람들이었다. 그 위원장인 반성환은 경성고보 출신으로 원래 경남 거제 출생이나 함북 청진에서 살았고 해방 후 소련군에 저항하다 월남했다. 그는 함북청년회를 거쳐 서북청년회 훈련부장을 지내다가 서북청년회 경남도본부장으로 부산에 오게 된 것이다. 그는 폭력세계와는 전혀 관계가 없는 지식인이었다.

부위원장인 엄정일(嚴正一)은 함북 청진 출신으로 함북 경성고보 재학 중에 유도 유단자가 된 체육인이었다. 반성환과는 청진에서부터 친구이며 동지였다.

정보부장 이춘식(李春植)은 함남 영흥 출신으로 귀공자형의 미남이었다. 월남 후 고향 선배인 서북청년회 부위원장 조영진과 함께 호림장 합숙소에 기거했다. 1947년 2월 말 이춘식은 평양에서 열리게 될 3·1절 기념행사에서 김일성을 암살하기 위해 함북 청진 출신의 장창원과 함께 평양으로 갔다. 그러나 그들은 목적을 달성하는 데는 실패했다

선전부장 손진은 강원도 철원 출신으로 제일고보(경기고)를 나오고

게이오 대학을 다닌 엘리트였다.


## 미군의 서북청년회 추방 명령

부산에 내려온 서북청년회가 우익 진영(민족 진영) 전부의 환영을 받은 것이 아니었다. 우익들 가운데에는 강한 좌익들에 맞서기보다는 충돌 없이 조심스럽게 살기를 원하는 사람들이 적지 않았기 때문이다.

서북청년회의 부산 파견을 가장 강하게 반대한 것은 미군정 경찰 고문인 미군 대령이었다. 부산에 도착한 서북청년회 파견대 대표들이 찾아가 인사를 하자 그는 "서북청년회는 테러만 하는 단체이니 치안이 잘 되어 있는 부산에는 필요 없다. 일주일 이내에 퇴거하라. 명령을 어기면 전원 체포하겠다."고 강하게 명령했다.

그의 발언은 1947년 6월 28일 좌익 신문인 「민주중보」에 실려 좌익들을 기쁘게 했다.

그로부터 일주일 뒤에 부산경찰서 사찰계장이 합숙 여관을 찾아왔다. 미군 고문관의 명령도 있고 하니 우선 숙소를 옮기는 정도의 성의는 보여 달라는 부탁이었다. 다행히 광복청년회의 주선으로 서북청년회 파견대는 중앙동의 적산가옥 2층을 얻어 노숙을 면하게 되었다.

그러나 먹을 것이 없었다. 그래서 그들은 부산시청 사회과를 찾아가 피난민 자격으로 구호양곡, 구호피복, 구호모포를 배급받았다. 부산시장 양성봉과 부산시청 사회국장, 그리고 경남도청의 상공국장과 상무과장이 호의를 가지고 도움을 주었다.

그러므로 서북청년회는 당분간 간판은 달지 않고 조용히 순회강연을 통해 이북실정을 알리는 데 주력하기로 했다. 강연 내용은 소련군의 만행, 토지개혁의 허구, 현물세, 그리고 여맹, 농민동맹, 민애청 등 여러 단체에 의해 매일 열리는 귀찮은 집회 등에 관한 것이었다.


## 부산극장사건

어느 정도 자리가 잡히자 서북청년회 경남도본부는 좌익에 대한 직접 공격에 나섰다. 그 최초의 주요 사건이 1947년 7월 7일의 부산극장 공격사건이었다.

그날 저녁 부산극장에서 좌익들은 종합예술제를 열고 있었다. 문학가동맹과 민주중보사 공동주최로 '미소공동위원회'가 다시 열리게 된 것을 축하하는 행사였다. 출연자는 황철, 문예봉과 같은 당시의 일급 배우들이었다. 그들의 연극은 공산주의 혁명을 찬양하는 것이었고 극장은 매일 만원이었다.

그 때문에 서북청년회로서는 그 예술제부터 분쇄하는 일이 시급했다. 공연은 서울 중앙극장에서 이미 우익들에게 습격당한 적이 있었다.

서북청년회는 공연을 저지하기로 하고 70여 명을 동원했다. 총지휘자는 강원도 철원 출신의 손진(孫瑱, 손진으로 읽음)이었다. 그는 일본 게이오 대학을 다니다가 일제의 학병을 거부했던 지식인이었다.

1947년 7월 7일 저녁 70여 명의 서청 대원들은 연극이 시작되기 전에 부산극장에 들어가 미리 자리를 잡았다. 1층 무대 앞 오른쪽에는 연극 공연을 방해할 한창협(韓昌協) 부대 40명이 자리 잡았고, 2층 왼쪽의 튀어나온 관람석에는 다이너마이트를 던질 허원섭(許元燮) 부대 30명이 자리를 잡았다.

연극은 '동학란'에 관한 것이었다, 연극 첫머리에 농민군들이 농악 소리에 맞추어 무대를 돌며 춤을 추면서 함성을 지르는 장면이 시작되었다. 농민군이 관군과의 싸움에서 승리한 것을 축하하는 농악과 춤이었다.

그때 1층 무대 바로 앞의 한창협 부대가 행사를 방해하기 위해 큰 소리로 서로 시비를 걸면서 소란을 피우기 시작했다. 그러자 2층의 허원섭이 다이너마이트 심지에 불을 붙여 무대 위로 던졌다. 폭음과 함께 극장 안은 아수라장이 되었다. 배우들과 관객들이 혼비백산해 도망감으로써 예술제는 중지되었다.

극장 주위를 경비하던 좌익의 민애청 대원들이 몽둥이를 들고 범인들을 잡는다고 이리저리 뛰며 아우성을 치고 있었다. 연락을 받은 미군 소방차도 사이렌 소리를 요란하게 울리며 몰려왔다.

일을 성공적으로 끝낸 서북청년회 대원들은 자연스럽게 관객 틈에 끼어 극장을 빠져나와 합숙소로 갔다. 합숙소에서는 다른 대원들이 한 시간 전부터 큰 소리로 노래를 부르며 술잔치를 벌이고 있었다. '알리바이'를 만들기 위한 위장작전이었다.

남로당 등 좌익단체들은 미군 경찰고문을 방문하고 범인 색출을 강력히 촉구했다. 좌익 언론들도 요란하게 떠들었다. 모두들 서북청년회를 의심하기는 했지만, 알리바이가 성립되었기 때문에 미군정 경찰은 손을 대지 못했다. 사건은 요란하기는 했지만 다행히 희생자가 없었기 때문에 그럭저럭 조용히 파묻히고 말았다.

## 좌익단체들에 대한 공격

뒤이어 서북청년회는 더 적극적으로 좌익을 공격했다. 1947년 8월 8일에는 손진과 전의(全義)가 30여 명을 이끌고 대청동의 좌익계 「조선신문」을 습격해 인쇄시설을 파괴함으로써 신문 발행을 중단케 했다. 같은 날 전의와 한창협은 각각 30여 명씩 인솔하여 좌익계 신문인 「대중신문」과 「민주중보」를 공격해 인쇄시설을 파괴했다.

8월 11일에는 손진과 전의의 주도로 50여 명이 대청동 국제빌딩의 남로당 경남도당을 습격했다. 이때 남로당 명부를 빼앗았는데, 그것은 나중에 좌익들을 찾아내는 데 도움이 되는 귀중한 자료로 활용되었다.

8월 21일에는 전의 등 50여 명이 본동에 있는 좌익의 총연합체인 민전 경남도지부를 습격했다. 그리고 한창협 등 50여 명은 광복동에 있는 김원봉 계열의 인민공화당사를 습격했다.

8월 23일 손진, 전의, 한창협, 이정승 등 150여 명은 본동거리에 있는 남로당 전위대 민애청(민청) 회관을 습격했다. 그들은 그 건물에서 민애청 간판을 떼고 서북청년회 부산지부의 간판을 달았다.

이처럼 경상남도 서북청년회가 많은 대원을 동원할 수 있었던 것은 삼랑진 전재민수용소로부터 신입대원을 대거 모집할 수 있었기 때문이다. 그들은 일본이나 중국으로부터 귀국한 동포들로서, 고향인 북한이 공산국가가 되면서 돌아가지 않으려 했다. 그 때문에 삼랑진의 전재민수용소에 들어가 있었던 것이다.


## 좌익 노릇하는 검사와 기업가

부산 경남지역의 좌익을 잠재우는 결정적 계기는 1947년 9월에 일어난 두 건의 좌익 간부 암살사건이었다. 검찰청 정 검사 암살과 민전 의장 박 사장 암살이었다.

부산 검찰청의 정 검사는 벌써부터 우익 진영에 의해 좌익 혐의를 받고 있었다. 그의 평소 태도는 좌익에게는 관대하고 우익에게는 가혹했기 때문이다. 그러던 차에 8월 14일 서북청년회가 남로당 사무실을 습격해 탈취한 남로당원 명부를 통해 그가 남로당 비밀당원임을 확인하게 되었다.

1947년 9월 4일 아침 출근하던 정 검사가 부민초등학교 뒤편 길에서 서북청년회의 허원섭(許元燮)에게 권총 두 발을 맞아 숨졌다. 허원섭은 함북 청진 출신으로 서울 성남고등학교 학생 때 이미 반공투사로서의 위치를 굳히고 있었다.

미군정 경찰과 미군 CIC는 암살범에 관한 아무런 단서도 잡지 못했다. 허원섭이 이미 서북청년회 진주지부 합숙소로 숨었기 때문이다.

그로부터 1주일이 지난 9월 12일 초저녁에 부산 민전 의장 박 사장이 범일동 자택에서 권총 두 발을 맞고 쓰러졌다. 그는 양조장을 운영하는 기업가였으나 기이하게도 공산당 기관지인 「조선신문」 사장이기도 했다. 그는 부자이면서도 공산주의 운동을 하는 모순된 삶을 살고 있었던 것이다.

총을 쏜 사람은 함남 영흥 출신의 귀공자형 청년 이춘식(李春植)이었다. 이춘식은 서울 종로 3가 권농동의 호림장 합숙소에 묵고 있었다. 그러다가 1947년 2월 말 평양으로 가서 3·1절 행사장의 김일성을 암살하려다가 실패하고 혼자서 겨우 목숨을 건져 돌아온 대담한 경력의 청년이었다.

암살 당일 저녁 이춘식은 부산 범일동 민전의장 박 사장의 집을 찾아가 의논할 중대사가 있다면서 면담을 요청했다. 그는 박 사장을 보자마자 즉시 권총 2발을 발사해 즉사시켰다. 그러고는 조용히 빠져나와 큰길에 대기시켜 놓은 승용차를 타고 도주했다. 그 차는 부산의 한민당이 지원한 것이었다. 암살 계획을 세운 사람은 엄정일이었고, 집행은 이춘식과 한창엽이 맡았다.

이 사건은 좌익들이 무서워서 그들에게 돈을 대주던 부산 서면 일대의 고무공장 기업가들에게 경종을 울렸다.


## 좌익을 척결한 죄로 사형언도

범인들의 행방을 알 수 없었기 때문에 두 사건은 오리무중에 빠지는 듯했다. 그러나 미군정 경찰에 범인에 대한 제보가 들어옴으로써 범인들의 윤곽이 잡히기 시작했다. 불행히도 그 제보는 서북청년회 내부로부터 들어온 것이었다. 그것은 대동청년단 가입문제를 둘러싼 서북청년회 내부 갈등 때문이었다.

1947년 여름 우익청년들 사이에서는 광복군 총사령관 이청천이 조직하는 대동청년단을 중심으로 단일화해야 한다는 주장이 강하게 일었다. 그 때문에 각 우익청년단체 안에서는 대동청년단에 가입하자는 합류파(合流派)와 기존의 조직을 그대로 유지해 가자는 잔류파(殘留派)가 나뉘어 심각한 갈등이 일어났다.

갈등은 서북청년회에서도 마찬가지였다. 그것은 지역적인 차이를 나타내기도 했는데, 대체로 함경남북도, 황해도, 강원도는 합류파에 속했고, 평안남북도는 잔류파에 속했다. 두 파의 대립은 감정싸움으로 번져 폭력이 사용되기도 했다.

두 암살사건을 일으킨 서북청년회 경남도본부는 대체로 함경도와 강원도 출신으로, 합류파에 속했다. 그 때문에 암살범들에 대한 제보는 그 반대세력인 평안도 출신의 잔류파로부터 나왔을 가능성이 커 보였다.

검찰청 정 검사를 암살한 허원섭은 타고 갔던 자동차가 단서가 되어 진주에서 체포되었다. 민전의장 박 사장을 암살한 이춘식과 한창협은 부산에서 체포되었다. 다른 3명의 관련자도 미군 CIC에 체포되었다. 그러나 그 사건들의 기획자인 엄정일은 체포되지 않았다.

이춘식과 한창협은 1심인 부산지법에서 사형언도를 받았다. 항소를 했으나 2심인 대구고법에서도 사형언도를 받았다.

그때 다행히도 1948년 8월 15일에 대한민국이 건국됨으로써 정치범들에 대한 사면이 이루어졌기 때문에 그들도 석방의 희망을 가지게 되었다. 하지만 두 반공투사는 사면되지 않고 그대로 감옥에 있게 되었다.

그러므로 두 사람은 대법원에 항고했다. 그때 1950년의 6·25남침전쟁이 일어났다. 부산 민전의장 살인범인 이춘식은 8월에 비상계엄하의 대구 군법회의에서 무죄선고를 받고 석방되었다. 반공투사가 3년 6개월을 미군정과 대한민국의 형무소에서 보낸 것이다.

그러나 한창협은 그러한 혜택을 받지 못했다. 평소에 말이 없고 내성적인 성격의 한창협은 오랜 감옥생활에서 오는 심리적인 고통을 이겨내지 못했다. 그는 6·25남침이 있기 두 달 전인 1950년 4월 감옥에서 삶을 마감했다.


## 경남지역의 좌익을 평정

좌익의 현직 검사와 민전의장이 연달아 쓰러지자 부산을 비롯한 경남 전역에서 우익세력의 사기는 크게 고무되었다. 두 사건은 좌익들에게 자금을 주던 기업가들에게 경종을 울렸다. 그에 따라 경상남도 각지에 서북청년회 지부가 설치되는 결과를 가져 왔다.

서북청년회 경남도본부는 여세를 몰아 좌익기관들을 연달아 습격했다. 그들은 좌익 신문사들, 민전회관, 해운동맹회관, 남로당사, 민애청회관을 공격해 기능을 마비시켰다. 그 결과 서북청년회가 부산에 들어간 지 3개월 만에 진주, 밀양, 울산을 포함한 경남 전역의 좌익은 조용해졌다. 서북청년회의 표현대로 평정된 것이다.

이와 같이 서북청년회 경상남도본부가 좌익들과 싸우는 과정에서 김우영(金雨瑛) 변호사가 법률자문을 맡았다. 그는 유명한 여류 화가 나혜석(羅惠錫)의 남편이었다. 그가 서북청년회와 관련을 맺게 된 것은 부산거리에 붙인 벽보 내용 때문이었다. 벽보 내용 "부산은 일제 침략의 문호였다. 이제 또다시 공산침략의 문호가 될 수 없다."는 것이었다. 그것을 보고 감격한 김우영 변호사가 서북청년회 사무실을 찾아와 도와주겠다고 제의했던 것이다.

# 7부

## 서북청년회의 분열과 재건

# 대동청년단과의 통합문제로 분열

1947년 여름 서북청년회는 중경 임시정부의 광복군 총사령관 이청천(李青天, 지석규)이 조직하는 대동청년단(大同靑年團)에 흡수 통합되느냐 아니면 종전대로 서북청년회로 남느냐 하는 문제를 놓고 심각한 내부 분열을 일으켰다. 합류파와 잔류파의 갈등은 다른 모든 우익 청년단체들에서 일어났지만, 유독 서북청년회가 큰 진통을 겪게 되었던 것이다.

이청천을 중국으로부터 한국으로 데리고 온 사람은 미국에 갔다 오던 이승만이었다. 이승만은 한반도에서 통일정부를 세우는 방법은 유엔 감시하에 총선거를 실시하는 것뿐이라고 생각했다. 그러나 미국은 그 문제를 미소공동위원회에서 해결해 보려 했으므로 이승만은 미국의 잘못된 정책을 바꾸어 보려고 1946년 12월에 미국으로 떠났던 것이다.

미국에서 이승만의 주장은 상당한 공감을 얻었다. 그래서 그는 외교적 성공을 거두었다는 자부심을 가지고 1947년 4월 귀국하게 되었다. 돌아오는 길에 중국에 들러 장개석을 만났는데, 그때 아직 귀국하지 못하고 있는 이청천을 만나 서울로 데리고 오게 된 것이다.

이청천이 귀국하자 그의 인기는 절정이었다. 사람들은 이제야 "진짜 장군"이 돌아왔다고 열광했다. 그에 따라 모든 우익청년단체들이 이청천을 중심으로 통합해야 한다는 주장이 강하게 일었다.

이청천은 그러한 요구에 부응해 대동청년단을 조직했다. 서북청년회 위원장 선우기성을 중심으로 한 합류파는 결국 대동청년단에 들어갔다.

그러나 문봉제, 김성주, 김경신, 이성수를 중심으로 한 잔류파는 서북청년회를 그대로 유지하기를 바랐다. 그들은 서북청년회가 그대로 존속해서 실향민의 특수성을 드러내 주는 것이 좋은 길이라고 생각했다. 북한 출신들이 남한 출신들 속에 묻히기보다는 독자적인 조직을 가지고 발언을 해야 남북문제를 다룰 수 있고 그에 따라 남북통일도 앞당길 수 있다고 생각했다. 그러므로 그들은 서북청년회를 재건하려고 했다.

## 분열의 지역적 성격

서북청년회 잔류파는 자기들이 합류파보다 강하다는 것을 보여주기 위해 1947년 8월 15일 서울운동장에서 8·15경축대회가 열렸을 때 무려 2만 명을 동원해 다른 우익청년단체들을 놀라게 했다. 그들은 대동청년단으로 단일화해야 한다는 합류파의 주장이 옳지 않다는 것을 입증하고 싶었던 것이다.

그러한 이유 때문인지 9월 21일 서울운동장에서 열린 대동청년단 결성대회에 서북청년회 합류파는 1,000명밖에 동원하지 못했다. 게다가 잔류파가 미리 서북청년회의 직인과 단기(團旗)를 빼돌리는 통에 선우기성의 합류파는 서북청년회 단기 대신 서북청년회 중앙총본부 간판을 들고 결성대회에 참석할 수밖에 없었다.

그처럼 대동청년단에 가담한 서북청년회 합류파의 세력은 미약했다. 그 때문에 서북청년회 합류파의 지도자인 선우기성은 대동청년단 단장 이청천의 비서장 자리밖에 차지하지 못했다.

대동청년단에 가담한 합류파의 출신 지역은 주로 함경도였다. 함북 출신으로는 장윤필, 장창원, 김계룡, 반성환, 임일, 허금룡이 있었다. 함남 출신으로는 조영진, 손창섭이 있었다. 황해도 출신은 김인식, 강원도 출신은 손진이 있었다.

이와는 달리 서북청년회에 그대로 남은 잔류파, 즉 재건파는 주로 평안도 출신들이었다. 그 중심인물은 평남의 문봉제와 평북의 김성주였다. 그리고 중심조직은 평남 진남포와 용강군 출신으로 이루어진 진룡동지회와 대동강동지회였다.

　그러므로 합류파와 잔류파는 사이가 좋을 리가 없었고, 그 때문에 서로 폭력을 행사하기까지 했다. 잔류파의 진룡동지회 대원들이 합류파의 임일을 납치해 혹독한 린치를 가했다. 그러자 보복에 나선 호림장 중심의 합류파 200여 명은 잔류파의 광화문 본부를 습격했다. 그와 같은 충돌은 서울과 지방의 다른 지부에서도 발생했다.

## 서북청년회 제2대 위원장 문봉제

이청천의 대동청년단이 결성된 지 닷새가 지난 1947년 9월 26일, 문봉제의 서북청년회 잔류파는 천도교 대강당에서 대의원 500여 명이 참석한 가운데 서북청년회 재건대회를 개최했다. 이승만과 김구가 참석하여 격려사를 했다. 그에 따라 그동안 침체되었던 서북청년회가 활기를 되찾았다.

　재건된 서북청년회는 대동청년단에 가입하지 않은 청총(청년조선총동맹), 독청(대한독립청년단), 국청(국민회청년단)과 함께 덕수궁에서 '구국청년연맹'을 결성해 대동청년단에 맞섰다.

　재건된 서북청년회의 주요 인물들을 보면 문봉제를 위원장으로

하여 중앙조직에 김성주, 송태윤 등이 있었다. 지방조직에는 경북도지부의 김경신, 경남도지부의 왕초산과 전희벽, 제주도지부의 김재능이 있었다. 각도 5명으로 구성된 상임집행위원회에는 채기은, 박청산, 백의곤, 인순창, 임광우, 김이협, 선우경식, 이화룡, 정팔, 이성순, 황병관 등이 있었다. 이들은 대부분이 평안도 출신들이었다. 강원도 출신으로는 이영민이 있었다.

재건서북청년회에 가담한 단체들로는 신의주 출신인 정팔이 이끄는 압록강동지회, 해주 출신인 이영권이 이끄는 수양산동지회, 평양 출신인 고성훈이 이끄는 고려동지회가 있었다. 이 밖에도 진룡, 철원, 원산, 구월산 등의 동지회들과 학생단체인 서북학련이 있었다.

이들 단체들 가운데서 재건서청의 핵심은 평양 출신 홍성준이 이끄는 대동강동지회였다. 홍성준은 일본에서 대학을 나온 다음 평양 상수리에 장무회관이라는 무술도장을 운영해 오다가 해방 후에는 의혈단을 조직해 반공투쟁을 벌인 인물이었다. 그러다가 1946년 6월 월남한 10여 명이 대동강동지회를 조직했다. 주요 대원 가운데에는 명동의 주먹계를 휘어잡고 있던 이화룡이 있었다.

대동강동지회가 좌익과의 투쟁에 직접 뛰어든 사례 가운데에는 1947년 4월 용산 철도공작소 파업에 별동대를 출동시킨 것이었다. 레슬링 동양 챔피언이었던 황병관을 중심으로 50여 명이 참여했다.

그들은 철도공작소에서 좌익노조인 전평을 쫓아내고 우익노조인 대한노총이 자리를 잡을 수 있게 했다. 6월에는 정오경, 오응주 등이 대한노총 서울지부와 협력하여 용산구 원효로의 조선서적회사(조폐공사 전신)에서 전평을 쫓아내고 대한노총 분회를 조직케 했다.

대동강동지회의 활동이 좌익들에게 얼마나 큰 타격을 주었는지는 6·25남침전쟁 때 평양의 북한 정치보위부가 서울의 대동강동지회에 대한 특별 검거를 지시했다는 사실에서 나타나고 있다.


## 노선이 달라진 이승만과 김구

1947년 10월 3일, 개천절 경축식이 우익단체들에 의해 서울운동장에서 열렸을 때 이제 막 탄생한 재건서북청년회는 그 위력을 과시하기 위해 대대적인 가두시위를 벌였다. 시위의 목적은 총선거(總選擧)를 빨리 실시해서 정부를 수립하라는 것이었다. 그것은 그들이 이제는 이승만 노선을 확고하게 지지함을 의미하였다.

그날 아침 재건서북청년회는 남산공원과 장충단공원 두 곳에 집결해 악대(樂隊)를 선두로 하여 서울운동장으로 행진했다. 그들은 지부별로 플래카드와 녹색횡기를 들고 녹색머리띠와 녹색완장을 착용

했다.

그날 재건서북청년회가 개천절 행사에 동원한 인원은 3만여 명에 이르렀는데, 그것은 단일 단체로서는 놀라울 정도로 많은 숫자였다. 그것은 여러 청년단체들을 통합한 대동청년단의 동원 능력보다 3배가 넘었다. 그러므로 그날의 개천절 행사는 재건서북청년회야말로 반공우익 청년단체의 중심세력임을 확인해 주는 것 같았다.

드디어 1948년 2월 26일 유엔소총회(유엔정치위원회)는 가능한 지역에서의 총선거, 즉 남한만의 총선거를 통해 정부를 세우라고 결의했다. 그러자 재건서북청년회는 지금까지 지도자로 모셨던 이승만과 김구 사이에서 한 사람을 선택하지 않으면 안 되는 지경에 이르렀다.

총선거 결의에 대해 북한과 좌익은 당연히 반대했다. 그런데 김구의 한독당이 김규식의 민족자주연맹과 함께 총선거 문제에 관해 좌익들의 편에 서 버린 것이다. 그들은 북한과의 협상을 통해 통일정부를 세운다는 남북협상론(南北協商論)을 주장했다.

여기서 재건서북청년회는 김구 대신 이승만을 선택할 수밖에 없었다. 북한처럼 남한에서도 정부가 들어서야 사회 안정과 경제를 유지하고 남북통일을 위한 국제적 발언권을 얻을 것으로 생각했기 때문이다.

여기에 덧붙여 총선거를 반대하는 또 다른 세력이 있었다. 미군정

안의 일부 한인 고관들 가운데에는 총선거를 하기보다는 미군의 통치기간이 연장되어야 한다고 주장하는 군정연장론자(軍政延長論者)들이 있었던 것이다. 그들은 주로 평안도 출신이나 흥사단 관계자로 이루어진 이승만 반대파로서, 이승만이 집권하는 정부가 세워지기보다는 당분간 미군정이 계속되는 것이 더 낫다고 생각했던 것이다. 그들의 건의서는 1947년 9월에 하지 중장에게 제출되어 미국정부에 전달되었다.

이처럼 헷갈리는 정국에서 재건서북청년회는 이승만 노선을 확고하게 지지했다. 그것은 대동청년단에 가입하지 않은 청총, 국청, 독청과 함께 결성한 구국청년연맹(救國青年聯盟)의 이름으로 총선추진운동을 벌였다. 그것은 애국단체총연합회(애련)와 연합하여 1947년 11월 3일 서울운동장에서 군정연장반대 집회를 열었다.

그러므로 1948년 4월 김구, 김규식 같은 남북협상파들이 북한 측과 협상을 한다고 평양으로 가려고 했을 때 재건서북청년회는 김구의 평양행을 막으려고 했다. 그들은 경교장 앞에 드러누워 농성을 벌였다. 신돈섭을 비롯한 몇 명의 대학 출신 대원들은 평양으로 가서 남북회의가 유엔의 총선결의안을 받아들이도록 설득하려 했다. 그러나 그들은 예성강을 넘자마자 북한 측에 체포되어 서울로 추방당했다.

# 8부

## 대북공작

# 2차에 걸쳐 파견된 김일성 암살대

남한의 서북청년들은 그들의 고향인 북한에 대해 항상 관심을 가지고 공산정권을 무너뜨리기 위한 공작을 폈다. 해방 직후 38선을 넘나드는 일이 오늘날처럼 그렇게 철저하게 차단된 것은 아니었기 때문에 서북청년들은 비밀리에 자주 북한에 가서 지하조직을 구축하고 그들로부터 정보를 수집하기도 했다.

그러한 대북공작 가운데 최초의 활동 하나로 호림장 합숙소의 대한혁신청년회가 김일성 암살단을 평양에 파견한 것을 들 수 있다. 1946년 3월 1일 평양에서 3·1절 행사가 열릴 때 김일성이 반드시 참석하게 될 것이므로 현장에서 해치운다는 계획이었다. 그리하여 김제철, 김형집, 최기성 3인을 평양에 파견하였다.

계획은 백의사(白衣社)를 이끌고 있는 염동진(廉東震)의 머리에서 나왔다. 염동진은 평안도 출신으로 일찌기 중국 국민당 정부의 낙양군관학교를 나와 중국군에 근무했던 복잡한 경력의 사람이었다. 그는 중국군의 특수부대인 남의사(藍衣社)를 모방하여 백의사를 조직했다. 백의사는 중경 임시정부의 중앙정치공작대와도 관계가 있는 것으로서, 해방 후 북한에도 지하조직을 가지고 있었다.

염동진은 이미 평양으로 출발한 암살대를 돕도록 백의사 단원인 이성열을 추가로 파견했다. 그들은 모두 평양 출신으로 서로 잘 알고 있었다.

1946년 3월 1일 평양의 김형집, 최기성, 이성열은 수류탄과 권총을 품고 3·1운동 기념 행사장인 평양 역전 광장으로 갔다. 세 사람은 연단에 더 가까이 가기 위해 앞으로 뚫고 들어갔다.

김일성이 수만 관중의 박수와 환호를 받으며 연단에 나타나자 김형집이 연단을 향해 수류탄을 던졌다. 그러나 그것은 계단 밑으로 굴러 떨어졌고. 경비 중이던 소련군인이 잽싸게 집어 멀리 던지는 순간 터지고 말았다. 김형집은 현장에서 체포되었다.

한편, 김제철은 평양에서 이희두, 최의호 등 5명을 새로이 끌어들여 결사대를 조직했다. 그들은 김일성의 최측근인 최용건과 김책의 집을 습격했다. 그러나 김일성 암살미수사건이 일어난 직후라 그들이 경계심을 갖고 모두 집을 비우는 바람에 허사로 끝나고 말았다.

그러자 이성열 등 5명은 김일성의 외삼촌뻘로 북조선임시인민위원회 서기장인 강양욱 목사의 집에 수류탄을 던지고 권총을 난사했다. 그러나 그 역시 집을 비우는 바람에 가족들만 죽였을 뿐이었다.

달려온 보안대와의 총격전에서 최기성은 전사하고 이희두는 체포되었다. 최의호는 부근에 사는 친지의 도움으로 피신을 했으나 그 후 어떻게 되었는지 알려지지 않았다. 다른 곳에 숨어 있던 김제철과 현지에서 가담한 조재국은 체포되었다.

그 후 암살대의 운명이 어떻게 되었는지는 확인되지 않았다. 1946년 3월 말까지 남한으로 돌아온 사람은 이성열이 유일했다. 이성열은 1990년에 '대한민국건국회' 추천으로 정부로부터 국민훈장 무궁화장을 받았다.

김일성의 두 번째 암살계획은 1947년 3·1절에도 실행되었다. 함남 출신의 조영진 서북청년회 부위원장이 장창원, 이춘식, 이춘풍을 평양으로 파견한 것이다. 그러나 그들도 성공하지 못했다. 이춘식만 서울로 돌아왔을 뿐이었다.

1947년 3월 22일 서북청년회 조직부장 장창원은 이춘식, 박병호, 안규호, 이봉춘 등의 대원을 이끌고 월북했다. 그들은 평양을 비롯한 북한 각지를 돌아다니며 곧 미군이 북진하여 북한정권을 무너뜨릴 것이라는 말로 지하단체들을 격려하고 4월 19일에 서울로 돌아왔다

# 대북방송과 북한의 지하조직 형성

남한의 서북청년들은 라디오 방송을 통해서도 북한주민들에게 용기를 잃지 않도록 격려했다. 그 선무방송은 서북청년회가 조직된 직후인 1946년 12월부터 시작되어 매주 금요일 밤 1회씩 나갔다. 대북방송은 남한의 자유로운 사회상을 소개함으로써 북한에 서북청년회 지하조직이 결성되도록 격려했다.

처음에는 서북청년회 위원장인 선우기성이 단독으로 방송을 맡아 했다. 하지만 우익청년단체들이 대동청년단으로 통합된 다음인 1947년 10월부터는 여러 명의 인사들이 번갈아가며 방송을 했다.

그에 따라 북한 각 지역으로부터 서북청년회에 가입을 신청한다는 혈서 서약서와 회원명단이 연달아 서울에 도착했다. 심지어는 북한군 38경비대 안에까지 서북청년회 지하 세포조직이 결성될 정도였다.

서해안과 동해안을 통해 38선을 넘나드는 서북청년회 연락원들이 적지 않았다. 그 때문에 문봉제가 재건서북청년회 위원장이 된 1947년 9월 이후에는 대원 10여 명을 상인, 변절자, 걸인 등으로 위장시켜 북한에 보내 지하조직들과 연결케 했다. 파견된 대원들은 전준, 조진하, 전훈, 박태원, 고영창, 조성국, 백철 등이었다. 그들은 북한에서 정보를 수집하고 공작을 함으로써 6·25를 전후해서 북한에서 여러 가지 반공사건이 일어나게 되었다.

북한의 지하 서북청년회 조직은 1950년의 6·25남침전쟁 당시까지 유지되었다. 그러나 전쟁이 터지고 인천상륙작전을 계기로 국군과 유엔군이 북한으로 진격하게 되자 북한의 서북청년회 지하조직들은 지상으로 나왔다. 그들은 국군의 북진을 돕기 위해 후퇴하는 북한군과 게릴라전을 벌였다.

그러나 중공군이 전쟁에 개입하고 그에 따라 국군과 유엔군이 후퇴하게 되면서 서북청년회 북한조직 대원들도 상당수가 남쪽으로 피난하게 되었다.

그러나 불행히도 월남하지 못하고 북한에 남아 있던 대원들은 반동세력으로 몰려 공산정권에 의해 숙청되었다. 또한 그들은 북한군에 징집되어 전선에 끌려가 전사하기도 하고, 국군에 투항해 유엔군 포로수용소에 가기도 했다.

## 38선 접경지역 황해도 지부의 투쟁

6·25남침 전에도 서북청년회는 언젠가는 있을지 모르는 북한의 남

침에 대비하기 위해 38선 이북지역에 대한 첩보와 파괴공작을 계속했다. 민간단체인 서청이 대북공작을 할 수 있었던 것은 북한 안에 서북청년회 지하조직이 있었기 때문이다.

황해도 출신으로 이루어진 황해회 청년부는 1946년 11월에 서북청년회에 통합되면서 서북청년회 수양지부로 이름을 바꾸었다. 서울의 서북청년회 수양지부는 김인식을 중심으로 1947년 1월부터 황해도의 38이남 지역인 옹진, 벽성, 배천에 대원들을 파견해 지부를 조직케 했다.

옹진극장에서는 서울에서 내려간 주익남 등이 현지의 반공청년 580여 명과 함께 서북청년회 옹진군지부를 조직했다. 옹진읍 광산을 비롯해 면 단위의 하부조직도 결성되었다. 반공청년들이 탈출해 모여 있는 해주 앞바다의 용매도와 옹진 앞 바다의 연평도에도 특별지부가 결성되었다.

서북청년회 옹진군지부의 가장 큰 업적은 북한에서 월남하다가 북한군 38경비대에 의헤 체포된 반공인사들을 구출한 것이었다. 1947년 6월, 이북지역인 대차면에 반공청년들이 잡혀 있다는 소식을 월남자들로부터 듣자 서북청년회 옹진군지부는 그들을 구출하기 위해 10여 명의 대원을 38선 이북으로 파견해 반공청년 20여 명을 구출해 돌아왔다. 이때 주도적 역할을 했던 김인칙은 나중에 김창룡

밑에서 특무대 서울대장으로 일했다. 9월에는 신의주 반공학생사건으로 오랫동안 숨어 있던 학생 3명이 월남하다가 38선 이북의 가좌면 매곡리에 붙잡혀 있는 것을 옹진서북청년회의 유남산 등 5명의 특공대가 구출해 돌아왔다.

서북청년회 벽성지부는 38선 남쪽 바로 밑에 있었기 때문에 38선 이북 해주의 반공세력을 도와 지하조직으로서 서북청년회 해주지부를 결성케 했다. 지하조직은 북한에 관한 각종 정보를 얻어 남쪽으로 보내고 남한에서 보낸 삐라를 북한지역에 살포했다.

또한 서북청년회 벽성지부는 1947년 3월 재령읍으로부터 월남하던 반공청년 수명이 체포되었다는 소식을 듣자 최수일 등이 38선을 넘어 월남자들을 구출하고 북한군 3명까지 생포해 돌아왔다. 북한 측이 항의하자 미군은 북한군을 되돌려 보내는 동시에 그들을 납치해 온 2명의 서북청년회 대원을 개성형무소에 두 달 동안 감금하기도 했다.

1947년 7월 북한군이 38선 이남의 연안경찰서 장곡천지서를 습격해 경찰관 7명을 살해하자 서북청년회 연안지부 강형순 등 40여 명이 연안경찰서의 도움을 받아 38선 이북의 38경비대 본부를 보복 습격했다.

# 동해안 주문진의 계림공작대

서북청년회 강원도지부는 춘천에 있었다. 그러나 태백산맥으로 가로막혀 있는 동해안지역을 관장하기 어려웠기 때문에 주문진에 서북청년회 영동지구본부를 두었다. 그리고 홍천군 기린지부, 횡성지부, 묵호지부, 강릉특별지부도 두었다.

1947년 7월 서북청년회 횡성지부와 홍천군 기린지부는 힘을 합쳐 영동지구 본부에 민간조직인 계림공작대(桂林工作隊)를 조직했다. 평북 의주 출신인 백의곤이 총대장이 되고, 평남 진남포 출신인 인순창(印淳昌)과 황해도 신천 출신인 임광우(林光祐)가 각각 제1, 제2대장을 맡았다.

1947년 8월 주문진 북쪽 38접경지역의 기사문리 부근에 북한간첩이 넘어와 지서 주임을 살해하자 계림공작대는 그에 대한 보복으로 주문진 남쪽 교황리의 민애청 아지트를 공격해 무장공비 7명을 생포해 주문진 경찰서에 넘겼다.

1948년 2월 초 38선 바로 밑 명치리 경찰지서 주임이 북한 38보안대에 의해 피살되자 계림공작대는 주문진 주둔 육군부대와 합동으로 보복에 나섰다. 인순창의 부대는 육로를 통해 임광우의 부대는 해안선을 통해 기사문리로 진격하여 북한 38보안대를 기습했다.

1948년 2월 26일에 유엔소총회가 선거가 가능한 지역인 남한만의 총선거를 통해 정부를 수립하라고 결정했다. 그러자 북한은 5·10 총선거를 못하도록 방해하기 위해 설악산, 오대산을 통해 많은 공비를 남파시켰다. 계림공작대의 인순창 부대와 임광우 부대는 오대산 부근 삼정평(三井坪) 아지트를 공격해 공비 3명을 생포하는 등 게릴라전을 벌였다.

## 호림유격대의 게릴라전

1948년 8월 15일 대한민국이 건국되자 민간단체인 계림유격대는 해체되었다. 그러나 함경도 출신의 국방부 제4국장 김근찬은 그것을 국방부 제4국 동해특별대에 편입시켜 정부기구로서 대북한 첩보전과 유격전을 계속하게 했다.

그러나 1949년 2월에 국방부 제4국이 해체되면서 동해특별대는 육군본부 정보국 소속의 호림유격부대(虎林遊擊部隊)로 재편성되었다.

호림유격부대는 주문진에 본부를 두고 대북 유격전을 벌이던 백의곤 부대, 그리고 38선 이남의 오대산에서 유격전을 벌이던 김현주

부대를 흡수했다. 호림유격부대는 서북청년 367명을 기간병력으로 호국군(護國軍)에 소속되었다. 그들은 1949년 5월 수색학교에서 유격전 교육을 받은 후 8월에 영등포학원으로 재편성되어 모두 현역 군인이 되었다.

1949년 6월 28일 호림유격부대는 강원도 서림을 거쳐 38선 이북의 설악산을 거쳐 북한 땅 깊숙이 금강산의 내금강, 국사봉까지 올라가면서 20여 일간 유격전을 벌였다. 그들은 소련으로부터 무기가 수송되는 것을 막기 위해 양덕과 고원 사이의 터널을 폭파하는 등 군사시설을 파괴했다.

백의곤 부대는 38선 이북의 양양지구에 침투해 지하조직과 협력하여 유격활동을 벌였다. 그들은 인제와 간성 사이의 전선과 교량들을 파괴하고 삼치령에서 북한군 48명을 사살했다. 그러나 제5대대장 백의곤은 국사봉과 금강산의 내금강에서 대규모 북한군 병력과 싸우다가 많은 대원들과 함께 전사했다.

제6대대장 김현주도 38선 이북의 용대리와 서화리에서 대규모 북한군과 교전하다가 많은 동료들과 함께 전사했다.

호림유격대의 희생자는 백의곤, 김현주의 두 대대장을 포함하여 210명이었다. 이들의 공로를 늦게나마 기리기 위해 1986년 10월 15일 호림유격전적비가 고성군 현내면 통일전망대 안보공원단지에 세워졌다. 그 앞면에 새겨진 약사를 보면 다음과 같다.


동족상잔의 비극이었던 6·25동란 직전, 북괴 무장 게릴라의 남침
을 저지, 분쇄하기 위하여 숭고한 희생을 치렀던 애국청년들이 있
었기에 여기 그 위훈을 아로새겨 그들의 충혼을 기리고, 용전사실
을 널리 선양하고자 이 비를 세운다.

1949년 2월 강원지역 청년들과 서북청년단원이 주축이 된 민간인
316명이 유격대를 조직, '호림'이라 이름하고, 북괴와 맞서 유격활
동을 하다가 산화하였으며, 그들은 오직 자유수호의 일념으로 북
괴의 무력책동을 저지, 분쇄하였다.

1949년 7월 그들은 머리카락을 담뱃갑 은종이에 싸서 묻고 생무덤
을 만들며 "누구든지 한 명이라도 살아남으면 동지들의 유해를 거
두어 장례를 치러주기로" 혈맹하였다.

1967년 7월, 생존 동지들이 18년 전 이곳 생무덤에서 전우들의 분
신을 찾아 설악산 기슭에 안장하였다.

이 분들의 숭고한 호국정신과 흘린 피의 대가가 오늘의 영광과 번
영을 가져오게 하였으니, 후세에 자유수호의 증표로 길이 전해질
것이다.(1986.10.15)

# 9부

## 총선을 통한 건국

## 서북청년회와 하지 장군이 화해하다

하지 장군은 항상 서북청년회를 테러리스트로 보고 있었다. 그 때문에 늘 적대적(敵對的)이었다. 그의 편견은 서북청년회가 자신과 사이가 좋지 않은 이승만과 관련이 있다고 생각함으로써 더욱더 굳어졌다.

1947년 봄부터 좌우익의 충돌이 격렬해지자 하지 장군은 러치 군정장관에게 좌익의 민애청과 함께 서북청년회를 해산시키라고 지시했다. 해산 지시는 3차에 걸쳐 내려졌지만, 미군정 경찰의 책임자였던 반공주의자인 조병옥과 장택상의 불이행으로 실행되지는 않았다.

서북청년회 위원장인 문봉제에게도 체포하라는 지시가 내려졌다. 이번에도 반공주의자인 조병옥과 장택상은 그 명령을 이행하지 않았다.

그러나 그들의 부하인 수도경찰청의 사찰과장 최운하와 수사과장 노덕술은 문봉제를 체포해 하지 장군에 대한 충성심을 보이려고 했다. 1947년 11월 20일경 그들은 수도경찰청장 장택상이 찾는다는 거짓말로 서북청년회의 문봉제와 김성주를 중부경찰서로 불러들이

고는 구속했다.

서북청년회는 이 사실을 수도경찰청장 장택상에게 알렸다. 장택
상은 중부경찰서에 지시를 내려 즉시 석방하고 서북청년회에 사과
하도록 했다.

1947년 11월 14일 유엔총회는 미소공동위원회 대신 총선거를 통
해 한반도에 정부를 세우라는 결의를 했다. 그것은 이승만의 주장을
확인한 것이었다. 그에 따라 이승만 노선을 따르는 서북청년회에 대
한 하지 중장의 태도도 호의적으로 바뀌기 시작했다.

1947년 12월 하순, 하지 중장은 통역 이묘묵 박사를 통해 서북청
년회 위원장 문봉제에게 만나자는 요청을 해 왔다. 반도호텔에서의
만남으로 하지 장군은 서북청년회에 대한 오해를 풀게 되었다.

하지 중장은 1948년 1월 하순에 다시 반도호텔로 문봉제를 불렀
다. 그 자리에서 하지는 서북청년회가 설립하는 평화신문사를 적극
돕겠다고 약속했다.


## 이승만의 총선안을 지지

이승만이 일관되게 주장한 한반도 정부수립 방안은 총선거였다. 그

러한 이승만 노선을 지지하기 위해 국민회 중심으로 '애국단체연합회'가 조직되었다. 그 조직에서 서북청년회가 행동대로서 중요한 역할을 했음은 물론이다. 그들은 서울운동장에서 총선거를 통한 정부 수립을 촉구하는 국민대회를 열었다. 그리고 매일 가두시위를 벌였다. 시위는 유엔총회가 1947년 11월 14일 총선안을 가결할 때까지 계속되었다.

이처럼 서북청년회가 매일 총선거를 촉구하는 시위를 벌일 수 있었던 것은 그 중앙총본부가 광화문통(지금의 세종문화회관 부근)에 있었기 때문이다. 그곳은 사람이 모이기 쉬운 장소였다.

서북청년회는 매일 정오 사이렌을 신호로 수천 명씩 떼를 지어 종로 일대와 을지로 일대의 골목에서 시위를 벌이며 중앙청 앞으로 모였다. 그들은 녹색의 머리띠와 완장을 차고 태극기와 플래카드를 들고 "총선거를 빨리 실시하라."는 구호를 외쳤다. 미군정은 그것을 불법집회로 규정하고 기마경찰과 미군 헌병을 동원하여 저지했다. 그 때문에 중앙청 앞에서는 늘 몸싸움이 벌어졌다.

또한 서북청년회는 총선거가 실시될 경우 월남민들에게도 일정한 수의 국회 의석을 할당해 줄 것을 요구했다. 그에 따라 460만 명의 실향민을 위한 특별선거구(特別選擧區)의 설치를 요구하는 이북인 대회가 1948년 3월 20일 남산공원에서 수만 명이 모인 가운데 열렸다. 대회는 백남홍의 사회, 이윤영의 개회사, 문봉제의 결의문 낭독으로 진행되었다. 소련의 거부로 38선 이북지역에서 선거가 불가능하게 되었으므로 월남민들에게 일정 수의 의석을 배정하여 북한 동포들의 의사를 대변하게 해야 한다는 주장이었다.

그날 연사로 단상에 올라온 이승만은 전폭적으로 월남민들의 주장을 지지했다. 그는 특별선거구 설치를 유엔에 건의하겠다고 말해 참석자들로부터 열렬한 박수를 받았다.

그러나 김구는 반대였다. 남한에서만의 총선거는 한반도를 영구분단으로 이끌 위험이 있으므로 남북협상을 통해 통일정부를 이룩해야 한다는 것이었다.

그러자 대회장은 김구의 퇴장을 요구하는 소리로 혼란해졌고, 그 때문에 김구는 연설을 중단하고 대회장을 떠날 수밖에 없었다. 그러나 유엔은 이북인 특별선거구의 설치 요청을 받아 주지 않았다.

## 「평화신문」의 5·10선거 홍보전

서북청년회는 홍보활동의 일환으로 일간신문의 발행을 추진했다. 그에 따라 1948년 초 차종연이 주간지 「서북신문」을 창간했다. 그러자

강무학이 즉시 그것을 인수하여 몇 주 안에 수만 부를 판매할 정도로
키웠다. 그것을 보급하는 데에는 대동강동지회의 공로가 컸다. 그들
은 신문의 보급에 앞장서 북한과 일본에까지 신문을 보냈다.

북한 출신 가운데에는 신문 발행의 경험이 많은 인재가 적었으므
로 서북청년회는 발행 업무를 경상남도 출신의 양우정(梁又正)에게
맡겼다. 양우정은 민족통일총본부 선전부 차장과 국민회 선전부장
을 겸임하면서 이승만을 돕고 있었다. 서북청년회는 양우정과 50대
50의 출자 조건으로 1948년 2월부터 「평화신문(平和新聞)」을 발간했
다. 제작은 양우정, 경영은 서북청년회가 맡게 된 것이다.

그에 따라 발행인인 회장은 문봉제가 맡고, 편집인인 사장은 양우
정이 맡았다. 부사장으로는 서북청년회의 홍성준, 김성주, 임상걸이
임명되었다. 편집국장은 경상남도 출신의 정국은, 편집부장은 임원
규, 장기봉이 맡았다. 영업국장은 서북청년회의 김이협, 이성수 등
이 맡았다.

신문 용지로는 당시로서는 새로운 대형(大型)의 마카오 갱지를 사
용했다. 평화신문이 그처럼 좋은 종이를 사용할 수 있게 된 것은 하
지 장군의 후원 때문이었다.

그에 따라 거리에서 팔리는 가판 부수는 창간 수일 만에 5만 부로
늘어날 정도로 인기가 있었고, 그에 따라 즉시 흑자경영으로 돌아섰

다. 서울과 지방에서 서북청년회 지부가 있는 곳에는 어디나 신문사 지국이 설치될 수 있었기 때문에 그처럼 보급률이 높았던 것이다.


## 「국민신문」의 족청 비판

그러나 3개월이 지나면서 편집진과 영업진 사이가 원만하지 못하다는 것이 드러났다. 그래서 문봉제와 양우정은 우정에 금이 갈 것을 염려하여 동업을 그만두고 분리했다. 서북청년회는 「평화신문」의 판권을 양우정과 임상걸에게 넘겨주고 1948년 6월에 「국민신문(國民新聞)」을 새로 창간했다.

양우정은 실업가인 임상걸의 자금 100만원을 출자하여 서북청년회 출자액 150만원과 합하여 250만원의 투자로 「평화신문」 발간을 계속했다.

서북청년회가 새로 창간한 「국민신문」은 사장에 문봉제, 부사장에 홍성준과 김성주를 임명했다. 주필은 평안남도 출신의 문인이며 사업가인 주요한, 편집국장은 장인갑(나중에 변영권, 이성수), 영업국장은 김이협(나중에 장인국)이 맡았다.

「국민신문」은 장기봉 기자의 노력과 하지 장군의 협조로 일제시대

을지로 2가에 있던 조선신문사 건물을 인수했다. 조선신문사는 「중앙일보」, 「인민보」, 「현대일보」 등의 좌익 신문들을 인쇄했던 곳으로, 그 인쇄시설은 바로 1946년 5월에 평안청년회가 습격했던 것이었다.

「국민신문」도 마카오지와 대형지로 발간했다. 전력이 부족한 것이 큰 문제였으나, 하지 장군의 도움으로 발전기를 공급받아 윤전기를 계속 돌릴 수 있었다. 「국민신문」은 서북청년회 지부가 있는 전국 각지에 지국과 판매소를 설치했다.

「국민신문」은 이범석의 민족청년단(족청)을 비판했다. 공산당과 투쟁은 전혀 하지 않고 국가지상과 민족지상의 명분만을 강조한다는 것이었다. 이에 반발한 민족청년단은 「국민신문」과 「평화신문」 불매운동을 벌였다.

지방 차원에서 서북청년회가 발행하는 신문도 있었다. 서북청년회 인천지부의 현송은 일찍이 1947년 3월부터 인천신문사를 인수해 운영했다. 서북청년회 제주지부의 김재능은 1948년 6월 「제주신문」을 발간했다.

# 남북협상 저지투쟁

서북청년회에서는 이승만, 김구를 똑같이 우익의 영도자로 모셨다. 전체적으로 보면 그들은 황해도 출신의 서북파 독립운동가인 김구에 대해 더 큰 애정을 표시했다. 이승만도 황해도 출생이기는 하지만 두 살 때 서울로 와서 성장했기 때문에 독립운동 시기부터 서북파가 아닌 기호파로 분류되었던 것이다.

그러나 1947년 11월 14일 UN총회가 총선거를 통해 한반도에 정부를 세운다는 결의안을 통과시킨 다음부터는 두 지도자를 보는 서북청년들의 눈이 달라졌다. 이승만 지지로 바뀐 것이다.

당시 북한의 소련군과 김일성은 선거를 거부했기 때문에 선거는 남한에서만 실시할 수밖에 없는 형편이었다. 그래서 1948년 2월 26일 유엔소총회(유엔정치위원회)는 선거가 가능한 남한에서만이라도 선거를 하도록 허용했던 것이다. 그것은 이승만 노선의 승리를 의미했다.

그러자 북한과 남한 좌익들은 남한에서 선거를 하지 못하도록 결사적인 반대투쟁을 벌였다. 그런데 바로 김구가 김규식과 함께 좌익들의 선거 반대 주장에 찬성하고 나온 것이다. 그것은 서북청년회를 당황하게 만들었고, 결국은 이승만 지지로 확실히 노선을 결정하도록 했다.

서북청년들은 북한에 가족들을 두고 38선을 넘어왔기 때문에 어느 누구보다도 남북 통일정부가 세워지기를 간절히 바랐다. 그러나 북한의 소련군과 김일성이 자유선거(自由選擧)를 거부함으로써 통일정부가 세워질 가망이 없어진 이상, 우선 남한에서만이라도 빨리 정부를 세워 사회혼란을 막고 난 다음 국제사회에 통일을 호소해야 한다는 생각이었다. 그래서 서북청년회는 이승만과 UN의 노선을 지지하게 되었던 것이다.

그러므로 김구와 김규식이 통일정부를 세우기 위한 남북협상을 한다고 평양으로 가려고 했을 때 서북청년회는 강력히 말렸다. 그들은 경교장 앞에 드러누워 눈물로 호소했다.

하지만 김구는 끝내 북행(北行)을 결행하고 말았다. 김구는 정치가로서 살기보다는 혁명가로서 살기를 원했던 것이다.


## 마지막 투쟁지가 된 제주도

좌익들은 대한민국의 건국을 가져 올 5·10선거를 방해하기 위해 폭동을 계속 일으켰다. 그 가운데서 가장 파괴적인 것이 이른바 제주 4·3폭동이었다.

제주도가 큰 불행에 빠지게 된 것은 해방으로 일본군이 물러간 뒤 미군의 진주가 늦어 좌익들이 활동할 수 있는 시간이 길어졌기 때문이다. 게다가 일본으로부터 제주도로 귀환한 교민들 가운데에는 공산주의에 물든 사람들이 많았다. 특히 일본에서 대학을 다니다 일본군에 징집되었던 학병(學兵) 출신들이 그러했다. 여기에 덧붙여 제주도민은 육지에 대한 뿌리 깊은 배타심을 가지고 있었다.

이러한 제주도의 지역적 특성을 이용해 공산당(남로당) 제주도 총책인 김달삼과 제주인민해방군 총사령관 이덕구는 500여 명의 반란군 부대를 조직하는 데 성공했다. 이덕구도 학병 출신이었다.

1948년 4월 3일 새벽, 좌익들은 12개 경찰지서를 일제히 습격해 무기를 탈취하고 제주 경찰서까지 점령했다. 그들은 관공서를 습격하고 경찰관과 우익인사들, 및 그들의 가족을 학살했다. 앞으로 5·10 선거를 치르지 못하게 해서 나라를 세우지 못하게 하려는 것이었다.

미군정은 반란을 진압하기 위해 국방경비대 제9연대를 주축으로 하는 진압군을 파견했다. 그러나 진압군 안에는 좌익들이 적지 않았다. 제9연대장 김익렬 중령도 반란군과 협상을 해보려는 기회주의적인 태도를 가지고 있었다. 연대장 자신도 학병 출신이었다. 그 때문에 진압군의 작전계획이 좌익들에게 새어 나갔고, 그에 따라 반란세력에 대한 토벌은 전혀 진척이 없었다.

그러므로 미군정 경무부장 조병옥(趙炳玉)이 제주도로 가서 연대장 김익렬 중령을 심하게 질책하게 되었다. 연대장도 경남 하동 출신의 박진경(朴珍景) 중령으로 바뀌게 되었다. 새 연대장도 학병 출신이었다.

연대장이 바뀌면서 공비 소탕작전은 성과를 거두기 시작했다. 그러자 제9연대 안의 좌익 군인들이 그날 승진한 연대장 박진경 대령을 살해했다. 군인들도 사상적으로 믿을 수 없게 된 것이다.


## 제주도에 700명 파견

그러자 1948년 4월 6일 미군정 경무부장 조병옥은 서북청년회 위원장 문봉제에게 지원을 요청했다. 그에게는 사상적으로 믿을만한 병력이 필요했던 것이다.

그에 따라 김연일(金連一)이 이끄는 서북청년회 경북도본부 소속의 200여 명이 최치환 경감을 따라 제주도로 출발했다. 전투경찰 자격이었다.

6월 초에는 제9연대장으로 새로 부임한 송요찬 중령이 김재능 서북청년회 제주지부장을 앞세우고 찾아와 지원을 요청했다. 그 때문에 500여 명의 대원이 추가로 파견되었다. 그리하여 제주도에는 서북청년회 대원 700명으로 구성된 보병대대가 형성되었다.

그때 제9연대가 제주도에서 철수하고 함병선 대령의 제2연대가 새로 배치되었다. 그에 따라 서북청년회 대대는 제2연대 소속이 되었다.

제주도에 투입된 국방경비대의 군인들과 서북청년회의 전투경찰은 잘 구분이 되지 않았다. 군인이든 서북청년회 대원이든 간에 모두 기본 훈련이 제대로 되어 있지 않았기 때문이다. 군인들도 행진할 때는 군가(軍歌) 대신 '서북청년행진곡'을 부를 정도였다.

그 때문에 주민들에게 진압군은 모두 서북청년회 대원으로 보였다. 그에 따라 폭동진압 과정에서 일어난 불미스러운 일들도 모두 서북청년회의 책임인 것처럼 오해를 받기도 했다.

## 서북청년회의 5·10선거 보호투쟁

좌익들은 남한에 정부를 세우게 할 5·10선거를 방해하기 위해 사회 혼란을 일으키는 데 온 힘을 기울였다. 그 때문에 그들이 '2·7구국투쟁'으로 부른 1948년 2월 7일의 총파업에서 5월 10일의 선거까지 사용한 폭력으로 피해는 막대했다.

그들은 경찰서와 경찰지서를 습격해 파괴하고 총기와 실탄을 빼앗았다. 또한 관공서와 선거사무소들을 파괴하고 우익단체들의 건물과 우익인사들의 집을 불살랐다. 그리고 철도시설을 파괴하고 전화선과 전선을 잘랐다. 사망자도 145명에 이르렀다. 가장 피해가 심한 지역은 제주도였다.

그러나 미군정은 좌익들의 폭력에 제대로 대응하지 않았다. 그들은 자유로운 선거 분위기를 보장한다고 좌익 수감자 600여 명을 석방했다. 남로당원이라 할지라도 형을 받았거나 수감 중이 아니면 선거권을 행사할 수 있게 했다.

좌익들의 공세가 너무나 강했기 때문에 우익인사들은 출마 자체를 두려워하는 경우가 많았다. 경북 영천 갑구와 을구에서는 후보등록이 임박할 때까지 출마 희망자를 찾지 못할 정도였다. 그래서 서북청년회 위원장인 문봉제를 무투표로 당선시킬 터이니 구두로 승인만 해달라고 요청할 정도였다. 결국 영천에서는 국민회 지부장 정도영 등 2명이 출마해 무투표로 당선되기는 했다.

좌익들의 극심한 반대에도 불구하고 1948년 5월 10일에 총선거는 무사히 치러졌고, 그 결과로 5월 31일에 제헌국회가 소집되었다. 그에 따라 7월 17일에는 헌법이 제정되고, 8월 15일에는 대한민국의 건국이 선포되었다.

# 10부

## 대한청년단으로의
## 통합과 6·25전쟁

# 건국 직후에 일어난 국군 입대 '붐'

1948년 8월 15일에 건국이 되자 서북청년회는 더 이상 할 일이 없어 보였다. 좌익 타도의 역할은 국가가 맡아야 할 일이 되었던 것이다.

그러한 상황에서 서북청년들이 선택할 수 있는 가장 현실적인 길은 군대에 들어가는 것으로 보였다. 그에 따라 군 입대 '붐'이 일어났다. 군대는 고향을 찾겠다는 의지가 강한 서북청년들에게 가장 적합한 일터인 듯 보였다. 서북청년회 출신들은 육사 5기와 7기, 그리고 8기에 많았다.

서북청년들 가운데는 북한에서 학교를 다니다 온 청년들이 많았기 때문에 포병(砲兵) 병과를 지원하는 경우가 많았다. 그에 따라 포병 장교의 대부분이 서북청년회 출신이었다. 김구를 암살했던 안두희도 서북청년회 출신의 포병장교였다.

또한 서북청년들은 첩보부대(諜報部隊)를 지원하는 경우가 많았다. 그들은 북한에 대해 관심과 지식이 많았기 때문에 북한정보 수집업무에 적합했던 것이다. 대표적인 경우가 김일환(평북 신의주), 이영호

(황해도), 유제국(황해도), 김동석(함경도), 계훈영(평안북도)이었다. 김인칙(황해도)은 특무부대에서 김창룡을 도와 숙군(肅軍)의 임무를 맡았다.

또한 그들은 반공사상에 투철했기 때문에 정신교육을 담당하는 정훈장교(政訓將校)로도 많이 활동했다. 전두열, 윤하선, 선우휘가 대표적인 경우였다.


## 여수·순천반란사건과 청년단체들의 통합

건국이 선포된 지 한 달 뒤인 1948년 9월 중순부터 서북청년회의 문봉제를 비롯한 우익청년단체들의 대표들은 이승만 대통령에게 국군의 개편을 요구했다. 국군은 미군정의 국방경비대를 그대로 이어 받았기 때문에 좌익이 많이 침투해 있었던 것이다.

그러므로 그들은 국군을 반공사상(反共思想)으로 무장된 우익청년단체 출신들로 재편성해야 한다고 건의했다. 그들은 독립청년단의 서상천, 국민회청년단의 강낙원, 청년조선총동맹의 유진산, 대동청년단의 이성주 등이었다.

그러던 차에 드디어 그들이 우려했던 일이 일어나고 말았다. 1948

년 10월 19일 전남 여수에서 좌익들의 반란이 일어났기 때문이다. 당시 여수에는 제주도 좌익들의 반란을 진압하기 위해 출동을 기다리던 육군 제14연대가 주둔하고 있었다. 그날 저녁 부대가 제주도로 출발할 것이 알려지자, 제14연대 안의 공산당(남로당) 지하조직이 김지회 중위의 주도로 반란을 일으킨 것이다.

좌익 군인들은 반란에 반대하는 군인들을 죽이고 여수 시내의 민간인 좌익들과 협력하여 여수를 그들의 '해방구'로 만들었다. 그리고는 우익인사들을 닥치는 대로 잡아 인민재판의 이름으로 처형했다.

반란군의 일부는 기차를 타고 순천으로 가서 그곳을 그들의 '해방구'로 만들고, 여수에서처럼 인민재판의 만행을 저질렀다. 이른바 여수·순천반란사건이 터진 것이다.


## 대한청년단으로의 대통합

당시 이승만 대통령은 맥아더 장군의 초청으로 막 일본에 도착한 상태였다. 그 소식을 듣자마자 이승만은 모든 일정을 취소하고 급히 귀국했다. 그리고는 10월 20일 300여 명의 청년단체 대표들을 중앙청 회의실에 소집했다.

"여러분이 우려해 나에게 건의했던 사태가 드디어 여수, 순천에서 터지고 말았다. 그러므로 대한민국의 기반을 굳게 하기 위해서는 애국청년들을 단결시키는 길 밖에 없다."고 하면서 그는 반공청년단체들의 통합을 지시했다.

1948년 12월 19일 이승만 대통령의 지시로 국내의 모든 청년단체가 통합해 대한청년단(大韓靑年團)으로 단일화되었다. 대한민국이 건국된 지 4개월 만이었다. 청년단체들의 단일화 지시는 이승만 대통령으로부터 나왔지만, 통합 발의는 청년단체에서 비롯된 것이다.

그러나 이범석의 민족청년단(족청)만은 통합을 거부하였다. 원래 민족청년단은 미군정의 재정 지원을 받고 있었기 때문에 정치적 중립의 원칙을 지킨다고 전혀 반공투쟁에 가담하지 않아 왔던 것이다. 그 때문에 좌익들이 그 단체에 파고드는 경우가 많아 다른 우익청년단체들로부터 '좌익의 은신처'라는 비난을 받기도 했다. 그런데도 이승만 대통령은 민족청년단의 총재인 이범석을 국무총리로 임명함으로써 우익청년단체들을 당황하게 했다.

민족청년단이 통합을 거부하자 이승만은 이범석에게 강하게 압력을 넣었다. 통합에 찬성하지 않는다면 국무총리를 사퇴하라는 것이었다. 결국 이범석은 굴복하여 민족청년단을 해산하고 말았다.

이렇게 해서 1948년 12월 19일에 5개 청년단체가 통합하여 대한

청년단이 조직되었다. 그것은 면(面), 리(里), 동(洞)의 말단 행정 단부
는 물론, 직장단부까지 조직되었다. 그리하여 300만을 자랑하는 반
공망(反共網)이 펼쳐지게 되었다.


# 대북정보 수집을 위한 KLO 부대

1945년 해방으로 한반도가 38도선으로 갈라질 당시 도쿄의 미극동
사령부 정보담당 G-2는 서울에서 북한의 소련군에 관한 정보를 수
집하기 위해 월남한 서북청년들을 활용하려고 했다. 그리하여 미극
동사령부 주한연락사무소(Korea Liaison Office, KLO)가 설치되었는데,
겉으로는 정체를 위장하기 위해 정의사(正義社)로 불렸다. 책임자는
에포트 소령이었고, 그 밑에 문관인 엔디가 있었다.

1948년 4월, 대한민국이 건국되기 넉 달 전에 에포트 소령의 요청
에 따라 서북청년회 부위원장 김성주(金聖柱)는 10여 명의 정의사 요
원을 선발했다. 그들은 전준, 박태현, 유인국, 전훈 등이었다. 그들은
공작원 훈련을 받은 다음 북한의 6·25남침이 일어날 때까지 북한에
대한 많은 정보를 얻어 상부에 보고했다. 북한에 반공주의자들이 많
아 정보 수집이 쉬웠다.

그런데도 대한민국이 1950년 6월 25일에 기습남침을 당하자 정의사 요원들은 군 당국이 자기들의 보고를 무시한 때문이라고 분개했다. 6·25 기습남침 당시 국방장관은 신성모, 육군총참모장은 채병덕, 육군본부 정보국장은 장도영이었다.

국군이 북한군에게 밀리자 김성주는 정의사 요원들을 대구로 후퇴시켰다. 그러고는 서북청년회 동지들을 모아 호림부대를 조직한 뒤 김석원 장군의 전투부대에 가담했다.


# 인천상륙작전을 성공케 한 팔미도 등대 점화

전쟁 준비가 제대로 갖추어지지 못했던 국군은 북한군에게 밀려 낙동강까지 후퇴했다. 대한민국의 멸망은 시간문제인 것 같았다. 그러나 북한이 유엔에 의해 침략자로 규정되면서 유엔군이 세계의 경찰로 한국전쟁에 개입하게 되었다.

유엔군 총사령관 맥아더는 반격작전으로 1950년 9월 15일에 대규모 병력을 인천에 상륙시키려 했다. 그렇게 하기 위해서는 상륙군의 진로를 유도하기 위해 인천 앞바다 팔미도(八尾島) 등대에 불을 켜는 일이 중요하게 떠올랐다. 그 중요한 임무를 서북청년들이 맡게 되었다.

미극동사령부는 인천상륙작전을 계획하고, 도쿄 미극동사령부 G-2에 근무하던 정보통인 계인주(桂仁珠) 육군대령과 연정(延禎) 해군소령을 끌어들였다. 작전에는 미군장교 3명도 가담했다. KLO(나중에 8240) 부대에 속한 서북청년회 출신 특수임무대원들은 인천 앞바다의 영흥도(永興島)를 전진기지로 삼아 덕적도(德積島), 팔미도 등지를 샅샅이 탐색했다.

계인주는 평북 선천 출신으로 만주군관학교를 졸업한 뒤 일본 주재 만주국 대사관의 무관(武官)으로 있었다. 해방이 되자 그는 서울에 와서 미군정 경찰에 들어가 동대문경찰서장 등을 지냈다. 대한민국이 건국되자 그는 다시 군대로 돌아왔다. 6·25전쟁이 일어난 뒤 그는 도쿄 미극동사령부에서 근무하게 되었다. 육군본부 정보국 HID대장을 지낸 전력 때문이었다.

인천상륙작전이 시작되는 9월 15일 전날 밤, 팔미도 등대에 불을 켜기 위해 계인주 대령, 연정 해군소령, 최규봉(崔奎峰) 대위와 3명의 미군장교가 팔미도에 올랐다. 1950년 9월 15일 0시 등대에 불이 켜지는 것을 신호로 먼 바다에서 대기 중인 261척의 대선단이 인천 항구로 들어가 함포사격을 시작했다. 인천상륙작전의 성공으로 계인주는 미국의 최고 훈장을 받았다.

그러나 영흥도에 남아 있던 서북청년회 출신 KLO 대원 20여 명은 불행히도 북한군과 현지 좌익들에 의해 희생되었다.

6·25전쟁이 계속되면서 KLO의 규모도 확대되었다. 출신지역별로 3개의 대(隊)가 조직되었다. '위스키'대는 황해도 은율 출신의 박태현이 이끌었고, '선'대는 평남 평양 출신의 전훈이 이끌고, '고트'대는 함남 원산 출신의 최규봉이 이끌었다.

정보를 얻기 위한 북한 침투는 해상로를 통하기도 했지만, 주로 낙하산을 이용한 공중투하 방법이 사용되었다. KLO 3개대는 계인주 대령의 지휘 아래 서해의 북쪽 진남포 앞 초도와 그 남쪽의 대청도, 소청도, 강화도 등을 전진기지로 삼아 대북첩보 활동을 벌였다.


## 백골부대(제3사단 제18연대)

백골부대(白骨部隊)는 3,000명의 서북청년회 대원들로 구성된 육군 제3사단 제18연대였다.

함남 영흥 출신의 한신(韓信) 대위가 제18연대 창설 명령을 받자 그는 서북청년회 백두산지부 이위국 회장을 찾아가 군에 입대할 반공투사들의 추천을 요청했다. 국군 안에는 좌익들이 많기 때문에 제18연대는 서북청년회 대원들로 조직하려 한다는 것이었다. 그래서 제18연대는 전원 단신 월남자로 구성되었다.

그 때문에 제18연대는 가족처럼 유대감이 강했다. 그래서 다른 부대와는 달리 중대장이나 대대장은 '형님'으로 통했다. 6·25전쟁에서 백골부대가 패배하지 않았던 것은 부대원들이 전우이기 이전에 서북청년회 동지들이었기 때문이다.

제18연대의 용맹성은 6·25전쟁 초기의 포항, 기계, 영천전투에서 나타났다. 당시 전황은 위급했다. 대구가 적군에게 점령되어 부산으로 가는 길이 열리면 대한민국이 설 땅이 없어질 위기였다. 그러므로 이춘식 연대장 이하 부대원 전원은 옥쇄를 각오하고 역습을 벌였다.

마침내 그들은 안강전투에서 승리함으로써 대구 교두보를 확보했다. 그에 따라 연대 사병 전원이 2계급 특진을 해 제18연대는 상사부대가 되었다.

그들은 3사단 소속으로 휴전 직전에는 철원, 평강, 김화의 '철의 3각지' 전투에서 싸웠다.

# 6·25남침전쟁과 북한의 지하조직

동해안에서 6·25남침전쟁은 1950년 6월 25일 새벽 옥계에 상륙한 북한군과의 교전으로 시작되었다. 그 후 호림유격대는 삼척, 영덕, 포항 등지에서 해군과 육군의 작전을 도왔다.

1950년 10월 중순에 국군이 평양으로 진격하자 조성국 등 500여 명은 국군을 돕기 위해 게릴라전을 벌였다. 조성국이 전사하자 나머지 대원 400여 명이 남하하여 국군과 전경에 입대했다.

안주, 개천, 숙천의 이은섭 등 300여 명은 1950년 10월 19일 국군이 평양을 점령하고 북진할 때 국군의 진격을 돕기 위해 순안, 숙천에서 북한군을 공격했다.

구월산 지구를 중심으로 한 황해도에서는 대한민국이 건국되기 전부터 서북청년회 황해지부 위원장 김인식의 지시를 받은 반공투쟁이 계속 있었다. 그 이후에는 문승룡, 김종벽, 김홍렬, 이경남 등이 투쟁을 이어 왔다. 6·25전쟁 중에는 '동키'부대라는 명칭으로 서해 5도인 연평도, 백령도, 대청도, 소청도에서 무장투쟁을 했다.

# 국민방위군사건에 휘말리지 않은 서북청년회

국민방위군(國民防衛軍)사건은 6·25남침 초기의 실수를 되풀이하지 않기 위해 예방 차원에서 조직되었지만, 운영의 잘못으로 대한민국 우익청년 운동사에 큰 오점을 남겼다.

1950년의 6·25남침전쟁 초기 3개월 동안에 20만의 남한 청년들이 의용군이란 이름으로 북한군에 끌려가 상당수가 희생되는 불행한 사태가 일어났다. 그런데 1950년 10월 하순에 중공군이 개입하여 다시 서울이 점령당할 위험이 발생하자 또다시 남한 청년들이 끌려가는 사태가 일어날 가능성이 커졌다.

정부는 그러한 불상사를 막기 위해 1951년 1월 4일 서울을 적군에게 내어주기 전에 청장년들을 미리 남쪽으로 후퇴시키려고 했다. 그에 따라 1950년 12월 중순 황급히 '국민방위군 설치령'이 공포되었다. 그에 따라 만 17세에서 40세에 이르는 50만 명의 장정을 남쪽으로 이동하도록 했다.

후퇴 업무는 우익청년단체들의 통합조직인 대한청년단이 맡았다. 그러나 그 업무는 민간단체가 맡기에는 너무나 어려운 것이었다.

대한청년단 단장이 국민방위군 사령관을 맡게 되었는데, 그는 함남 출신으로 씨름꾼의 경력을 가진 김윤근(金潤根)이었다. 그는 육군

준장 계급을 받았다. 그러나 실무는 부사령관인 윤익헌(尹益憲)이 맡았다. 그는 중국에서 활동하던 광복군 출신이었다.

후퇴 장정들의 인솔을 맡게 된 대한청년단 간부들은 육군고등군사반과 방위사관학교에서 단기훈련을 받고 방위대령, 방위대위, 방위소위 등으로 임관되었다.

서북청년회 출신들은 대한민국의 건국과 동시에 대거 국군에 들어갔기 때문에 대한청년단과 국민방위군에 참여한 사람이 적었다. 문봉제 방위대령, 반성환 방위소령, 장창원 방위소령 등이 있었지만, 그들은 중요한 위치에 있지 못했다.

장정들은 방위소위와 방위중위들의 인솔을 받아 경상도 여기저기 흩어져 있는 방위교육대까지 걸어갔다. 식량(쌀)은 가는 도중에 지방행정기관에서 공급받도록 했다. 잠자리는 민가의 헛간이나 처마 밑이었다. 그러므로 이들이 경상도의 교육대에 도착하였을 때는 상당수가 영양실조로 폐인이 되어 있었다.

국회진상조사단의 조사에 따르면 교육대에 보급되는 식량과 부식비의 상당 부분이 방위사령부에 상납되거나 교육대 간부들에 의해 착복되었다는 것이다.

전쟁 중이긴 했지만 그 사건은 사회적으로 엄청난 파장을 일으켰다. 결국 여론의 압력에 못 이겨 신성모 국방장관이 물러났다. 그리고 김윤근 사령관과 윤익헌 부사령관을 포함한 5명의 국민방위군 고위간부가 총살을 당했다. 다행히도 서북청년회 출신들은 이 엄청난 사건에 한 사람도 연루되지 않았다.


## 북한 통치를 둘러싼 의견 충돌

서북청년회 역사에서 또 다른 비극은 재건서북청년회 부위원장을 지낸 김성주의 살해였다. 그는 선우기성, 문봉제와 함께 서북청년회의 3대 중심축을 이루고 있었다.

김성주는 평북 강계 출신으로 일제시대에 북중국에서 사업을 했다. 해방이 되자 고향인 강계로 돌아왔다가 즉시 월남했다. 그러고는 평안청년회 사업부장으로 좌익들과 싸웠다. 1947년 9월 21일 우익청년단체들이 이청천의 대동청년단으로 통합될 때 김성주는 서북청년회에 그대로 남아 재건 서북청년회 부위원장이 되었다.

건국 직후인 1948년 12월에 모든 우익청년단체가 통합하여 대한청년단으로 단일화할 때 김성주는 통합을 위해 애를 많이 썼다. 하지만, 그는 대한청년단에서 서북청년대장이라는 별 볼일 없는 자리만 받았다. 그 때문에 부위원장 문봉제와 사무국장 윤익헌에 대해 큰 불만을 가졌다.

그러나 6·25남침전쟁이 일어나고 인천상륙작전으로 국군과 UN군이 1950년 10월 19일 평양을 점령하게 되면서 김성주에게는 뜻밖의 기회가 찾아왔다. 미군이 김성주를 평안남도 도지사 대리로 임명했기 때문이다.

미군은 북한을 유엔이 관리할 점령지역이라고 보고 군정을 펴려고 했다. 그가 미군에게 발탁된 것은 KLO 같은 미군 정보기관과 오랫동안 관련을 맺어 왔기 때문이었다. 1950년 10월 중순 그는 미군 민사처장 멘스키 대령과 같이 평양으로 날아갔다.

그러나 이승만 대통령의 생각은 미군과 달랐다. 북한지역은 대한민국의 영토이므로 한국인이 통치해야 한다는 것이었다. 그래서 이승만은 조선민주당 출신의 김병연을 평안남도 도시자로 임명했다. 그러므로 김성주는 정부의 뜻과 어긋난 행동을 한 결과가 되었다.

평양에서는 서북청년회 출신들 사이에 미묘한 갈등이 일어났다. 김성주와 고정훈은 서북청년회 세력을 확장하려 했던 데 대해 문봉제와 선우기성은 대한청년단 세력을 확장하려 했기 때문이다.

그러나 그러한 경쟁은 소용이 없게 되었다. 1950년 10월 하순부터 중공군이 대거 압록강을 건너 밀물처럼 쳐들어왔고, 그에 따라 국군과 UN군은 황급히 후퇴하게 되었기 때문이다.


## 조봉암의 선거운동을 도운 김성주

전쟁이 소강상태에 들어가고 1951년 7월부터 휴전회담이 시작되자 임시수도 부산에서는 다음 대통령을 어떻게 뽑는가 하는 문제로 심각한 정치적 갈등이 일어났다.

그에 따라 서북청년회 주요 인물들에게도 약간의 변화가 일어났다. 문봉제는 내무부 치안국장이 되고, 선우기성은 원내 자유당의 부당수가 되었다. 그러나 김성주는 아무 자리도 맡지 못했다.

1952년 8월 5일 직접선거제 개헌에 따른 대통령 선거가 실시되었을 때 김성주는 뜻밖에도 혁신계 대통령 후보인 조봉암의 선거사무차장이 되었다. 조봉암은 공산주의 전력을 가졌던 인물로 이승만 대통령의 초대내각에서 4개월 동안 농림부장관으로 있었다. 반공단체에 몸담았던 김성주가 혁신계 진영에 가담한 것은 자연스러운 일이 아니었다.

1953년 7월 27일의 휴전으로 정부가 피난생활을 끝내고 서울로 돌아왔을 때 김성주에 대해 우려했던 일이 벌어지고 말았다. 김성주가 원용덕의 헌병총사령부에 구속된 것이다. 죄목은 국가변란과 '이승만 대통령 암살음모'였다.

대통령 암살음모는 혐의는 정치적 모사꾼인 김지웅의 조작에 토대를 둔 것이었다. 김지웅은 그 정보를 부산부두에서 미국으로 돌아가는 와빈슨 중장으로부터 들었다고 했지만, 미군에는 그런 장성이 없었다. 김지웅의 음모에 걸린 김성주는 9개월 이상 감옥에 갇히게 되었다.

서북청년회 출신의 선우기성, 왕초산(王超山), 김인식(金仁湜) 등은 김성주 구명운동을 벌였다. 이들은 중요한 기관에 김성주의 석방을 요청하는 진정서를 내는 한편, 원용덕(元容德) 헌병총사령관을 방문하여 김성주의 억울함을 호소했다. 원용덕은 헌병총사령부의 체면도 있으니 형식적인 것이나마 김성주의 반성문을 받아다 주면 선처하겠다고 말했다.

그 길로 선우기성과 왕초산은 서대문형무소로 가서 김성주를 면회하고 서명을 받았다. 그러고는 그 길로 원용덕 헌병총사령관을 찾아 전달했다. 이제 김성주의 석방은 절차만 남은 듯이 보였다.

그러나 그 후 김성주는 재판도 없이 헌병총사령부의 김모 중령에 의해 살해되었다. 1960년의 4·19학생의거로 자유당 정권이 무너지자 우익청년 운동가 출신 국회의원인 유진산의 노력으로 국회에 김성주사건 조사위원회가 생겼다. 그때서야 김성주에게 어떤 일이 일어났는지 알려졌다.


## 대한민국건국회로 그 흔적이 남다

대한청년단은 1953년 휴전이 되면서 9월에 이승만 대통령의 명령에 따라 해산되는 비운을 맞았다. 그러다가 4·19와 5·16을 거친 다음인 1963년에 청우회(靑友會)로 재건되었다. 지금은 사단법인 대한민국건국회(大韓民國建國會)의 이름으로 그 명맥을 유지하고 있다.

# 참고문헌

## 서북청년 관련

손진,『서북청년회가 겪은 건국과 6·25』, 건국이념보급회, 2014.

이경남,『분단시대의 청년 운동, 상, 하』, 삼성문화개발, 1989.

건국운동자협의회 엮음,『대한민국건국청년 운동사』, 1989, 2007.

선우기성,『어느 운동자의 일생』, 배영사, 1987.

선우기성,『한국청년 운동사』, 금문사, 1973.

선우기성·김판석,『청년 운동의 어제와 내일』, 횃불사, 1969.

문봉제,『서북청년회』, 중앙일보 남기고 싶은 이야기들, 1972~1973.

## 해방 직후 우익청년운동

한국반탁반공학생운동기념사업회,『한국학생건국운동사』, 1986.

김두한,『피로 물들인 건국전야』, 연우출판사, 1963.

김수자,「대동청년단의 조직과 활동」,『역사와 현실』31, 한국역사연구회, 1999.

하유식,『이승만 정권초기 대한청년단의 조직과 활동』, 부산대학교 대학원 사학과, 1996.

김행선,『해방정국 청년 운동사』, 선인, 2004.

## 해방 직후 남한의 상황

국사편찬위원회,『자료대한민국사』1-29, 1945.8-1953.7.

천관우,『자료로 본 대한민국 건국사』, 지식산업사, 2007.

백남훈,『나의 일생』, 해온백남훈선생기념사업회, 1973.

이경남,『설산 장덕수』, 동아일보사, 1981.

오제도,『사상검사의 수기』, 창신문화사, 1957.

유세열·김태호,『옥계 유진산 생애와 사상과 정치』상·하, 사초, 1984.

이윤영,『백사 이윤영 회고록』, 사초, 1984.

이철승,『전국학련』,「중앙일보」「동양방송」, 1976.

장병혜,『상록의 자유혼: 창랑 장택상 일대기』, 영남대박물관, 1973.

조병옥,『나의 회고록』, 민교사, 1959.

동아일보사,『인촌 김성수』, 1985.

한국노동조합총연맹,『한국노동조합운동사』, 1979.

선우휘,「나의 언론생활 40년」,『월간조선』1986년 4월호.

이주영,『대한민국의 건국과정』, 건국이념보급회, 2013.

이주영,『이승만평전』, 살림출판사, 2014.

## 월남민 관련

김효숙,「이북출신 육해공군 장성들의 계보와 위상」,『월간동화』1992년 8월호.

한용원,『창군』, 박영사, 1978.

이동원·조성남,『미군정기의 사회이동』, 이화여대출판부, 1997.

이북5도위원회,『이북5도30년사』, 1981.

이문웅,『도시지역의 형성 및 생태적 과정에 관한 연구: 서울 용산구 해방촌』, 서울대 대
    학원 석사학위 논문, 1966.

조형·박명선,「북한출신 월남인의 정착과정을 통해서 본 남북한 사회구조의 변화」,『분
    단시대와 한국사회』, 까치, 1985.

홍두승,「전쟁, 이산, 빈곤: 재회가족의 생활사를 통해 본 이산의 사회학적 고찰」, 서울대
    사회과학연구소,『한국사회의 변동과 발전』, 범우사, 1984.

권태환,「인구성장의 추세와 요인」, 이해영·권태환 엮음,『한국사회: 인구와 발전』제1권,
    서울대인구문제연구소, 1978.

김귀옥,『월남민의 생활경험과 정체성: 밑으로부터의 월남민 연구』, 서울대출판부, 1999.

이인희,『8·15와 6·25를 전후한 북한 출신 피난민의 월남이동에 관한 연구』, 서울대 지
    리학과 석사학위논문, 1986.

박명선,『북한 출신 월남인의 사회경제적 배경 및 사회이동에 관한 연구』, 이화여대 사회
    학과 석사학위논문, 1983.

## 해방 직후 북한의 상황

김학준,『북한의 역사』1-2, 서울대출판부, 2008.

김양선,『한국기독교해방10년사』, 대한예수교장로회총회, 1956.

장병욱,『6·25 공산남침과 교회』, 한국교육공사, 1983.

오영진,『소군정하의 북한: 하나의 증언』, 국토통일원 복간본, 1983.

오제도,『붉은 군대』, 희망출판사, 1954.

김흥수,『해방 후 북한교회사』, 다산글방, 1992.

## 대북 및 북한 지하활동

이창건, 『KLO의 한국전비사』, 지성사, 2005.

구월산유격부대전우회, 『구월산유격부대전사』, 2002.

유장준, 『유장준 비망록: 잃어버린 100년사, 옹진반도 청년방위대 활동 중심으로』, 대한
　　민국건국회 황해도본부, 미간행 원고, 2003.

유장준, 『배공청산단(排共淸算團) 약사: 흥남지역 반공운동사』, 1986, 미간행 원고.

# 서북청년회

| 펴낸날 | 초판 1쇄 | 2015년 5월 30일 |
| --- | --- | --- |
| | 초판 2쇄 | 2020년 4월 3일 |

| 지은이 | 이주영 |
| --- | --- |
| 펴낸이 | 김광숙 |
| 펴낸곳 | 백년동안 |
| 출판등록 | 2014년 3월 25일 제406-2014-000031호 |

| 주소 | 경기도 파주시 광인사길 30 |
| --- | --- |
| 전화 | 031-941-8988 |
| 팩스 | 070-8884-8988 |
| 이메일 | on100years@gmail.com |

| ISBN | 979-11-86061-21-3   04300 |
| --- | --- |

이 도서의 국립중앙도서관 출판시도서목록(CIP)은 서지정보유통지원시스템 홈페이지
(http://seoji.nl.go.kr)와 국가자료공동목록시스템(http://www.nl.go.kr/kolisnet)에서
이용하실 수 있습니다.(CIP제어번호: CIP2015011545)